JN439564

그 숲속을 거닐다

그 숲속을 거닐다

박찬옥의 시가 있는 에세이

수필과비평사

들어서는 문

삶이 숲을 이루는 동안 계절 따라 어려운 변화도 많았고 찬비바람에 부대끼면서도 어린 꽃들과 나무들을 가꾸고 지켜보면서 마음의 숲을 키웠습니다.

지금은 울창한 나무들과 이름 모를 꽃들이 자라고 작은 짐승들이 고요한 안식처를 이루며 살아오는 숲속에 나 또한 남은 시간을 편안히 쉬고 싶을 뿐입니다.

가끔 숲길을 산책하면서 삶의 흔적들이 내게는 얼마나 소중한 날들이었나를 생각게 하는 이 한 권의 숲속엔 조용히 살아온 한 사람의 생활이 고스란히 담겨져 있습니다. 지나간 세월을 소중하게 간직하고 남은 시간을 설렘으로 맞고 싶은 충동입니다.

짙푸른 초록 잎들이 철이 지나면 가을을 맞듯이 앙상한 가지가 또 다른 침묵의 무게로 그냥 지나쳐 버릴까, 하는 아쉬움이 남아 언제인가 꼭 하고 싶었던 것들을 모아 누군가와 이야기 나누면서 걸을 수 있다면 얼마나 좋을까, 하는 마음으로 오늘 고요한 숲속으로 당신과 함께 초대합니다.

나를 위해 벗이 되어 주신 수필과비평사 여러분께 뜨거운 마음으로 감사드립니다.

2009년 초가을에

초록 박찬옥

■ 차례

1부 모아온 조약돌

2부 살아있는 사건들

3부 사랑의 흔적

4부 풍경이 있는 여정

5부 사색을 건너서

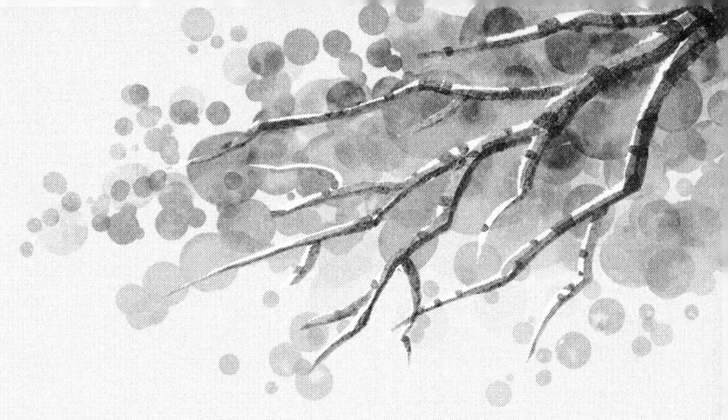

1부
모아온 조약돌

새 희망과 새 설계 | 아름다운 삶의 의미 | 21세기 문학의 생존 전략 | 시쓰기의 첫걸음 | 책과 놀자 | 호숫가에 서면 | 풀꽃의 멋 | 겨울 바다가 있는 집 | 유년 시절 | 여고 동창생 | 손수건의 그리움

새 희망과 새 설계

새해도 밝아온 지 거의 한 달이 넘어간다.

전 세계적으로 불어 닥친 금융 한파로 밖은 추운 겨울이지만 이제 풀릴 날도 얼마 남지 않을 것이다. 매년 해가 바뀔 때마다 으레 수학 공식처럼 새 희망과 새 설계를 세우고 그 목표를 달성하고자 열심히 뛰며 살아가자.

오늘도 새로운 설계를 만들어 본다.

당장 눈앞에 보이지 않지만 분명한 목표를 갖고 차근차근히 준비하다 보면 좋은 결실을 맺는 날이 올 것이라 믿는다. 성공의 문은 노력하는 자에게 열려 있고 기회는 준비하는 자에게

오기 마련이니 게으름에서 벗어나 적극적으로 나서야 한다. 이 한 해가 남은 생애의 종지부를 찍는다 해도 나를 사랑하며 살다간 한 인간의 삶의 과정일 뿐 아무 두려움도 느끼지 않는 것이다.

눈을 뜨니 새벽 3시 밖은 한밤중이다.

긴긴 겨울밤은 힘들었던 모든 것들에게 수면의 재충전을 위한 신의 축복의 선물인 것인가. 올 겨울은 유난히도 춥다. 며칠 전 동부 쪽에서는 눈사태로 지붕이 내려앉고 길도 끊어지고 몇 시간 동안 정전이 된 곳이 있었다. 홍수로 집들이 떠내려가고 차들이 물에 잠겨 수많은 피해를 입었고 산불까지도 엄청난 사상자를 내는 등 세상은 온통 아수라장이 되었다.

어제는 이란에서 계속되는 전쟁과 자살 폭탄으로 대통령이 되겠다는 한 여인의 꿈을 무참히도 짓밟았으나 오늘은 전 인류의 평화와 사랑을 나누어줄 새 지도자를 내세워 그를 대통령으로 당선시킨 일이 있었다.

이렇게 지구 안에 여기저기에서는 날마다 변하고 또 사라지는 것이 있으나 그래도 이 세상은 새로운 설계와 새 희망을 잃지 않고 살아가는 사람들이 있는 것이다.

'오늘 하루가 인간의 마지막 날이라고 생각한다면 시간을 낭비하지 마세요. 시간은 인생을 구성하는 자료이니까요.' 하는 말처럼 오늘을 사랑하다 보면 또 내일도 그러하리라. 소처럼 일하고 침묵으로 새김질하는 한 해가 되기를 바라는 마음으로…….

아름다운 삶의 의미

우리와 함께 공존하고 있는 모든 자연물은 있는 그대로를 나타내고 있으나 그 중 사람만이 진실을 외면하고 선행을 벗고 겉치례만 하려 든다. 과학의 발달과 함께 문명이 높아질수록 자기만의 욕망을 위한 수단과 방법은 생존 경쟁을 더욱 치솟게 만들고 있다.

지구는 230개의 나라와 650억이나 되는 사람의 생명과 자연 모두를 싣고 그 무거운 육체를 우주 속에서 탈선하지 않도록 조용히 돌아가고 있다. 그 안에서는 서로가 물고 뜯고 터지고 부딪치는 사건이 쉬지 않고 일어나는 것도 따지고 보면 살아 움직이기 때문에 있을 수 있는 일이라고 본다면 세상은 이처럼 싸워 이기는 승리자만의 천국이라 할 수 있는가.

산다는 것은 어떤 것이며 또 무엇을 뜻하는 걸까. 사람의 일생은 무엇을 성취하기 위해 있을까. 또 내가 존재하고 있는 진지한 의미는 무엇일까. 먹고 마시면서 노는 것이 삶의 전부는 아닐진대 후회 없는 자기만의 생활 속에서 생존해 있는 그날까지 아름다운 삶을 찾아내어 행복을 느낄 때 한평생 후회 없는 삶이되는 것이 아닐까 하는 생각을 자주 하게 된다.

어제도 오늘도 수많은 사람들이 태어났다 돌아들 간다. 그 중에서 성인이라 불리는 사람들만이 인생의 진리를 남겼다. 공자 맹자의 도덕경, 불교의 법경 등 모든 경서에서는 곧고 바르게 살라는 뜻이 담겨 있고, 성경 말씀은 백성들에게 가르치는 교훈이며, 영혼을 위한 생명의 양식이 되고 있다. 만약 사람들이 그 뜻을 따라 실행한다면 지옥도 전쟁도 가난도 욕심도 없는 평화로운 세상이 되겠지만 그것은 영원한 교과서적인 교훈이 아닐까 싶다.

넓은 세상 이 많은 사람 중에 아름다운 사람을 만나기가 얼마나 어려운지 마음 착한 이 어디서 만날까. 가슴 부드러운 이 어디에 숨었을까. 착하고 부드러운 사람이 살고 있다면 천릿길도 마다하지 않고 한걸음에 달려가 찾아 나서고 싶은 간절한 마음이다.

일그러져 가는 인간의 삶에 부대끼어 우리의 일상이 찌들고 지쳐서 피곤하고 괴로울 땐 자연의 품속으로 달려가 마음의 안정을 찾고자 한다. 진정 무언으로 호소하다가 보면 소리치고 싶을 때가 종종 있다. 그것은 사람도 자연으로부터 태어났기 때문이리라.

하늘과 바다의 너그러움과 풍만함을 배우고 아름드리나무 아래서 인내와 교훈을 깨닫고 나약한 한 송이 꽃에서 신비로움과 아름다움을 창조하는 삶을 배우고 싶다.

무게 없는 푸른 정신과 바른 마음의 방향을 스승으로 삼고 자신을 키우는 아름다운 삶의 의미를 갖고자 한다. 즉 모든 욕심과 욕망을 버리고 마음을 깨끗이 비우며 살자고 하는 뜻이다. 나는 이 나이가 되도록 살아왔지만 아직도 내 삶이 아름다웠다고 말할 수 있는지 궁금하다. 허나 내 자신이 스스로 만족하고 더 이상 후회하지 않는다면 이보다 더 큰 아름다운 삶을 바랄 수 있을까 싶다.

21세기 문학의 생존 전략

빠른 속도로 흐르는 세월은 어느덧 21세기로 밀려왔다. 우주 안에 있는 모든 것들은 자연의 힘을 입어 그들의 생명을 키우나 유독 인간만이 두뇌를 굴리어 눈에 보이는 것에서 새로운 것을 발견하고 보이지 않는 것에서 발명하는 꿈을 키우며 산다.

지금 우리가 살아가고 있는 21세기의 문명을 옛 조상들은 상상이나 했었을까. 현대에 살고 있는 나도 엄청나게 변하고 있는 이 사실에 놀라며 아직은 내가 생활하는데 그다지 불편함을 느끼지는 못하나 앞으로 이것을 꼭 배울 것이냐, 또한 보고만 있을 것이냐, 하는 난관에 놓여 있다.

현대 문명에 최고로 발달된 컴퓨터란 기계 속 화면 안에서 손끝 하나로 인터넷의 거미망을 통하여 세계의 뉴스와 경제사업에 관한 정보 등등 한눈에 볼 수 있는 세상이다. 문학 또한 이 계열에 끼어 마땅히 발맞추어 나가야 할 것이나, 아직은 재료나 정보에 그칠 뿐 그 순수한 내용을 깡그리 이해하기는 좀 힘들 것이다.

앞으로 비대하게 발전할수록 더욱 복잡해지고 컴퓨터에 종사하는 사람 외의 보통사람은 더 어려움이 따를 것으로 본다. 예전에 그 무겁던 원고 뭉치를 버리고 가벼운 디스크 테이프 한 개로 한 권의 책을 엮을 수 있는 분량을 모두 저장할 수 있는 간편하고 쉬운 것으로 바꾸어진 것을 보고 놀라지 않을 수 없었다.

허나 한 장의 책장을 넘기더라도 그 글 속에 담긴 내용을 음미하고 생각하고 느낌으로 시간과 공간을 초월한 인간의 삶의 아름다움을 만족할 수 있었다. 그러나 이 시대에서는 이런 일은 뒤떨어진 시대라 칭한다. 요즘은 자기를 선전하는 시대 인터넷을 열어 자기의 주소를 인입하고 방을 만들어 그것을 서로 읽고 평하기도 하고 소식을 주고받기도 한다.

물론 광고도 효과가 있고, 우체국에 갈 필요 없고, 우표값 절약되고 영화나 전화도 사용할 수 있어, 여행 정보 일기 예보 등등 신속하게 얻을 수 있는 좋은 점이 많다. 그러나 오랜 시간을 의자에 앉아 화면을 보면 눈도 나빠지고 허리가 아파오는 육체적 건강

상태는 어떻게 관리할 것인지.

세계 어느 곳에서나 많은 사람들은 자동차를 사용한다. 그들은 운전하면서 라디오나 CD로 음악을 듣는다. 물론 TV도 달려있는 차를 보면 현대 문명이 가져오는 편안함을 즐길 줄 아는 사람만이 현대인이라고 자부할 수 있을 것 같다.

지금 어느 곳에서나 책을 읽지 않는 사람들이 많다고 한다. 아마 온 종일 컴퓨터 앞에 앉아서 아이들은 게임 중독에 걸리고 사무실에선 모든 일들은 기계를 이용해 처리하니, 사람들이 책을 펼쳐들고 자료를 찾고 연구할 필요가 없어졌다.

큰 서점에 갈 때마다 책들이 산처럼 쌓여 있는 것을 보았다. 도서관도 아닌데 저렇게 팔리지 않고 진열되어 있어 문 닫는 출판사들이 많고 많은 사람들이 책을 멀리하고 있으니 현대 문명이 가져오는 잘못된 이 사회를, 우리는 어떻게 받아들여야 할지 큰 걱정거리가 아닐 수 없다.

미국의 한 작가가 자기의 소설을 컴퓨터를 통해 판매한다고 들었다. 한 장마다 값을 정하고 돈을 낸 후에 그 사람에게 보내진단다.

다음 내 시집은 음악 속에서 시가 흐르는 CD로 만들어야만 할 것 같다.

시쓰기의 첫걸음

초등학교 여름방학 때는 으레 일기쓰기가 제일 큰 숙제였다. 한 학년 올라갈수록 일선 장병 아저씨에게 보내는 위문편지, 크리스마스나 생일 카드에 간단한 인사와 짧은 축하의 말 몇 마디, 이런 글이 문학을 시작하는 첫걸음이라 할 수 있다.

사춘기에 접어들면서 하이네와 괴테의 시집을 끼고 나무그늘 밑에서 열심히 책장을 넘기던 문학소녀 시절, 처음 나온 한국문학전집과 세계 문학전집을 아버지께로부터 선물받은 후 나는 너무 좋아 어쩔 줄 모르던 시절이 있었다.

휴학 일 년 동안 밤낮없이 책읽기에 열중하던 그때가 내 일생에 최고의 독서 열기가 오른 때가 아닌가 싶다. 대학 시절 문학계론이나 창작법 시간엔 으레 땡땡이치고 교수님 모시고 친구들과 어울려 명동 학사주점에서 사발 막걸리로 배 채우던 그때부터가 내겐 문학에 첫발을 디딘 시기였다는 생각이 든다.

문학을 선호하는 사람 중 소설이나 수필, 아동문학 등 어느 장르보다도 시나 시조를 택하는 분이 훨씬 많은 이유는 짧고 간단해서 쉽게 쓸 수 있을 것 같은 느낌이 들기 때문인 것으로 알고 있다.

수필은 생활 속에서 일어나는 일들을 쉽게 이해할 수 있도록 잘 정돈된 글이라면, 소설은 엄마 뱃속에서 열 달 동안 잘 키워 밖으로 나온 아기와 같다.

그러나 시란, 깊은 가슴앓이를 해야만 하는 아픔의 탄생이어야 하며 시의 본질은 하얀 종이 위에서 이루어지는 사색과 여백의 아름다움이며, 또한 시의 언어는 새로운 순수를 변함없이 만들어내야 한다.

세상을 자세히 바라보면서 그것을 예술적으로 논리화해서 관찰한 사물에 대하여 깊게 생각하고 그 속에서 진지한 성찰의 맥을 짚어야 한다.

시에는 시혼이 있다. 시를 쓰는 마음은 밝고 맑은 아득한 시공을 넘는 신비로움이며, 마음과 영혼의 소리이다.

그러므로 생명이 되고 삶의 보람이 되는 정서의 깊은 뜻이 있는 시상을 살려야 한다는 교수님의 가르치심을 머릿속에서 꺼내면서 시의 어려움을 느끼며 시를 탄생시키려 하는 것이다.

시는 언어로 표현된 예술이다. 한마디 말 속에 생명을 담고 한마디 말 속에 우주가 살아 있다 하였다. 즉 시는 머리로 쓰는 것이 아니고 몸으로 느끼는 것이며 꿈을 가진 사람만이 쓸 수 있다고 한다.

또한 시는 활자로 있는 것이 아니라, 살아 있어 숨 쉬고 있어야 하고, 시는 가장 짧은 말로 누구나 쉽게 이해하고, 가장 감동받을 수 있어야 하므로 좋은 시를 창조하기란 그리 쉽지는 않은 것이다.

시 한 편을 쓰기 위해 수십 번 읽고 또 고쳐 쓰고 나뭇가지를 치듯 간단명료하게 다듬어져 나오기까지 몇 날 몇 달이 걸릴 때도 있다. 시 한 편은 한 권의 소설을 줄여서 만든 것과 같다고 한다.

이렇게 만들어진 한 편의 시는 읽는 이의 마음이어야 한다.

책과 놀자

여고 시절, 버스는 덜컹덜컹 자꾸 흔들려 몸이 넘어지고 부딪혀서 책을 읽을 수 없었기에 전차를 타고 다녔다. 한두 시간 걸리는 통학길엔 으레 책을 펼치는 습관이 있었으나, 그때는 시험도 자주 있었고 숙제도 많아서 꼭 공부를 해야만 하기에 어쩔 수 없는 시절이기도 했다. 그때부터 두 눈 뜨고 가만히 앉아 가는 시간은 너무 지루하기에 아무 책이나 꺼내어 읽어 보는 것이 학생들의 자세였다고 생각한다.

요즘은 전철 안에는 신문과 잡지가 한쪽에 쌓여있고, 책방이나 도서관 안에는 대학 입시생이나 직장 입사시험을 치루기 위한 젊은 세대들로 가득하다. 할 일이 없어 시간 때우기 위해 한 구석에 쪼그리고 앉아 만화책과 위인전을 뒤져 보는 아이들도 가끔 눈에 띈다. 어쨌든 책을 가까이 하는 사람들이 많아진 것 같아 한편 마음이 든든하기도 하다. 어찌 천고마비의 계절에만 책을 읽는단 말인가. 지금처럼 힘들고 찌든 삶의 괴로움을 달래기 위해서라도 우리는 항상 독서를 해야 할 필요가 있다.

책을 많이 읽는 사람은 현명한 사람이고 책을 많이 찾는 사람은 세상을 볼 줄 아는 사람이다. 이만큼 독서란 인간이 살아가는데 꼭 필요한 영양제와 같은 역할을 한다. 그러므로 책과 대화를 나누면서 인생의 행복을 배워보자.

장거리 운전 중이나 먼 여행길에 라디오나 시디에서 흘러나오는 멜로디와 조용한 이야기를 들으면, 마음의 여유가 생기고, 즐거움이 깊어진다. 음악은 귀로 듣는 즐거움이요, 그림은 눈으로 보는 감동이라면 독서란 마음으로 읽는 영혼의 정서라 할 수 있다.

여행을 좋아하시는 노 시인이 다른 나라 사람들은 어디에 앉아 있든 책을 보고 있는데 우리나라 사람들을 너무 책을 멀리한다며 걱정된 어조로 말씀하신 적이 여러 번 있었다.

먹고 입고 일하고 노는 것만이 인생의 전부가 아니라는 것을 우리는 깨달아야 한다. 퇴근길 하루의 피곤을 달래려고 돼지 갈

비와 소주 한 병으로 배를 채우고 친구와 마주앉아 담배 연기를 내뿜으며 살아가는 젊음의 노예들이여, 진정 당신들의 삶을 아끼며 사랑하는가. 다시 한번 생각해보자.

인생의 맛과 멋은 자신 스스로가 행복의 조건을 만드는 데서 시작되는 것이다.

호숫가에 서면

복잡한 거리를 벗어나 넓게 트인 280번 프리웨이를 따라 헬프문베이 갈라진 그곳에, 크리스털이란 이름을 가진 호수가 있다.

꼬불꼬불 산을 끼고 펼쳐진 물길은 호수라고 부르기엔 너무나 크다. 산속에 그림 같은 병풍을 두르고 아늑한 곳에 숨어 있는 호수는 바다와는 다르게 고요하고 적막하다. 그리고 조용한 물의 깊이가 있어 더욱 신비롭다. 호수는 하늘의 거울이다. 있는 그대로 꾸밈없이 마주 보인다.

호숫가에 서면 파란 하늘에 뜬 구름도, 부서져 내리는 햇살도, 바람의 흔들리는 나뭇잎에 흩어지는 산새 소리까지 들린다. 총총한 별빛도 구부러진 초생달도 잔잔하게 물 위에 뜨는 밤이 있다.

또, 노오란 해를 따라 짙어가는 가을날 단풍잎이 붉게 타는 호숫물에 하얀 손수건을 적시면 빨갛게 물들 것만 같다.

작은 짐승들이 숨어 사는 숲속에 호수는 언제나 거짓이 없다. 신발 벗고 무거운 옷 훌훌 벗어던지고, 유리알처럼 투명하게 비추는 물 안에 마음 또한 담구고 싶은 것이다.

이른 아침 산책을 하노라면, 호수를 둘러싼 산 아래로 뽀얗게 안개가 내려앉고, 우거진 숲속 나뭇가지에서 밤새 자고 깨어 난 산새들의 요란스럽게 지저대는 합창소리에 발을 멈추면, 어느새 이슬에 젖은 작은 꽃들이 발등을 적셔온다. 한가로이 풀을 뜯던 사슴의 무리가 나를 쳐다보고 놀란다. 나도 저들과 함께 여기서 영원히 살고 싶은 마음이 간절하다.

연둣빛 구름을 건져보네
하늘 정원에 걸려있는 것들과
산 아래 떨어져 사는 모든 생명들
잔잔히 거니는 바람의 그림자
보이는 그대로 얼굴에 담아내네

나 또한

목이 긴 사슴 되어
가슴까지 열고 나면
숨길 수 없는 마음
호수에 담가 놓고
떠도는 풀잎처럼
둥둥 그렇게 떠다녔으면

나는 한 장의 사생화를 가슴속에 새겨와 한 폭의 그림으로 벽에 걸어 놓았다.

풀꽃의 멋

어떤 계절도 탓하지 않고 땅속 깊이 뿌리심고 늘 푸르게 자라나는 풀, 어느 누구도 아름답다고 말하지 않는 풀꽃의 질긴 목숨을 보며, 나는 그들에게서 삶의 모습을 배운다.

더러는 길가에서 앙증맞고 귀엽게 자라 지나는 길손의 발에 밟혀도 다시 되살아나고, 어떤 풀은 바위틈 비집고 튀어나온 얼굴로 파아란 하늘을 빠끔히 쳐다보는, 이 애잔한 생명들을 유심히 들여다본다.

나뭇잎 깨우는 바람소리. 풀벌레 울음소리와 정담을 나누며 자라는 풀. 이런 작은 생명이 화려함도 고귀함도 어울리지 않아

땅 위에 드러내는 것조차 부끄러워 조용히 피어나는 이름도 없는 꽃을 보며 그들에게서 무엇인가를 찾아보려는 마음은 멈출 수가 없었다.

이른 아침 산길을 걷는 내 발길에 상처받을까, 조심스럽게 발을 내디디며 앞을 가로막는 산토끼에 놀라 발밑을 보니 달팽이 가족이 느릿느릿 이사를 간다.

어느덧 발등은 이슬에 함빡 젖었고 맑은 공기가 뺨에 차겁다. 어젯밤 이슬이 어린 풀들을 자라게 하면 밤사이 나뭇가지마다 은빛소리가 영롱하고, 새벽이 되면 초록이 짙어 오는 나뭇잎 냄새가 향긋하다. 붉은 햇살이 솟아올라 하루가 시작되면, 오늘을 맞는 기쁨으로 산속은 일제히 눈을 뜨고, 새 아침을 노래하는 소리에 작은 꽃들도 덩달아 기지개를 켠다.

산속 깊은 곳에서 자라는 풀꽃들이 내 마음을 여리게 하는 것은 서로 그리워하며 찾아오는 아픔일 것이다.

깊은 산속에 피어나는 이름 없는 꽃
오고 가는 발길도 그리운 숲속에
푸른 하늘 보고파 목이 아픈 꽃

떠가는 구름 쫓아 마음 보내고
흐르는 바람 따라 온몸을 떠는

가냘픈 몸매의 향기 없는 꽃

산새들 울음 속에 숲이 자라고
사슴의 뿌리 넘어 해가 저무는
달도 차고 기우는 별을 헤는 꽃

조용한 숨소리로 새벽을 찾는
아무도 모르는 생명의 꽃

내 하찮은 생명이 풀꽃보다 더 나을 것이 무엇인지, 아침이 오면 스러지는 이슬처럼 사람도 다를 것이 없거늘, 차라리 풀 한 포기 적시는 한 방울의 이슬로나 태어났으면…….

겨울 바다가 있는 집

바다는 말이 없고
하얀 물새가 날고 있다

물 안에 떠 있는 작은 섬 하나
철썩 철썩 두 발 담그고

엎치고 밀치는 파문이
발등에 쌓일 때

부서지는 파도의 한 자락이
미래의 소나타를 연주하고 있다

어느 날 겨울 바닷물에 떠 있는 해를 잡으러 바다가 잘 보이는 산언덕으로 올라갔다. 마른 풀 숲속 바위에 걸터앉아 저물어가는 바다를 내려다본다. 뜨겁게 타오르던 해는 뉘엿뉘엿 수평선 가까이 주저앉더니 눈 깜빡할 사이에 꼴깍 물속으로 잠겨 버린다. 거대한 태양을 먹어버린 바다는 노을로 변하여 온통 바닷물을 검붉고 노란 황금빛 색깔로 물들여 놓았다.

그 순간 물 위로 비치는 찬란한 빛, 이 광경을 어찌 말로 표현하랴. 하늘에다 화려하고 요란한 큰 불꽃이 물 위를 수놓았다. 고요하고 조용한 겨울 바다는 물소리만 간간이 들릴 뿐이다.

모든 자연은 인간에게 무언의 진리를 암시한다. 이 세상 어느 것 하나라도 신비스럽고 아름답지 않은 것이 어디 있을까마는 그 중에도 바다는 사람들에게 영육 간의 많은 것을 채워주기에 우리는 좋아한다. 너그럽게 트인 바다 둘레는 텅 비어있어 답답하고 어수선한 마음을 넓게 열어 주고, 바다를 바라보는 사람들의 가슴을 시원하게 뚫어 주며, 장엄하고 힘찬 바다의 음성은 사람들 마음 안에 안정을 불어넣어 준다.

또한 그의 앞에 서면 우리의 마음은 솔직해지고 싶고 삶에 대한 강한 힘을 준다. 일주일 동안, 또는 한 달 내내 정신없이 일만 하다 보면 삶이 너무나 힘들고 지쳐 피곤한 몸과 마음을 풀어 버리려고 바다를 찾는 사람들이 많아졌다.

물 위에 나지막이 안개가 내려앉은 봄날 바닷가, 모래사장을 거닐 때는 물결 따라 풍기는 해초 냄새가 정겹고, 시원스레 불어오는 여름바다의 바람은 땀과 열기를 씻어 주며 온몸에 생기를 돋게 한다.

철썩거리는 가을 파도 소리는, 그리움과 낭만을 품에 안기고, 고요하고 쓸쓸한 겨울 바다는 외로운 사람들에게 어머니의 품속 같은 포근한 가슴을 내어주는 곳이다.

겨울비가 와도 바다를 떠나지 않는 물새들, 물살에 끌려 모래사장으로 나온 빈 조개와 소라 껍데기들, 손끝에 와서 닿을 듯 내려앉은 겨울 하늘엔, 밤이면 총총히 물 안에서 떨고 있는 별들이 보고 싶어 바다로 향한다.

아침에 일어나 침실이나 거실 창에 커튼을 젖히고 창을 내다보면 바다와 산이 한눈에 보이고, 비가 오는 날은 비에 젖은 바다를, 폭풍이 일면 성난 파도를 만난다. 이런 풍경이 보이는 집에 살고 있는 사람은 얼마나 행복한가. 아련히 돛배 하나 둘 떠 보이면 고기잡이 뱃고동 소리가 들리고, 오늘은 날씨가 청명하겠구나! 하고 느낄 수 있는 것은 창문을 통해 보는 일기예보이다.

차로 멀리 가지 않아도 내 곁에 있는 바다, 맑고 깨끗한 공기로 숨 쉴 수 있는 촌스럽고 평화스러운 마을에 16년이란 세월을 살고 있다. 집 앞에 있는 태평양 바다를 끼고 돌면 헬프문 베이도 지나고 몬트레이도 갈 수 있다. 고향이 그리우면 가끔 바다를 내다본다. 태평양을 건너면 한국도 갈 수 있다니 날씨가 맑은 주말에 1번 도로를 타고 겨울 바다를 향해 달려보리라.

그리고 바다가 잘 보이는 레스토랑 창가에 앉아, 저녁 식사를 하며 물 위로 떨어지는 노을을 바라보는 그대는 얼마나 풍요로운 삶을 살고 있는가. 서쪽 산으로 넘어가는 해보다 겨울 바다 밑으로 저무는 저녁노을이 물 위에 비치는 풍경은, 훨씬 운치있어 그대의 가슴 안에서 영원히 떠나지 않을 것이다.

유년 시절

누구에게나 어린 시절은 있다.

그때는 몰랐지만 지나간 것은 모두가 그리워지는 것이다.

참 오랜 세월 떠나와 살았어도 마음은 가끔 옛날로 돌아가고픈 때가 있고, 외로움과 허전함을 느낄 때 그리움을 떠 올리면 조금은 위로가 되기도 한다.

험한 전쟁을 겪고 난 후에 폐허된 도시 속으로 찾아와 살던 고향. 볍씨에 새순이 피어나고, 논두렁에 물이 차오르면 졸졸 흐르는 시냇가에서 미꾸라지 송사리 떼 몰고, 허수아비 꽂아 놓은 원두막 위에서 새 몰이하던 그곳. 동네 뒷산으로 올라가 호박

찌개 끓여 먹던 소꿉동무들이 보고 싶고, 개운사 절 산 넘어 큰 바위에 앉아 흐르는 물에 빨래하던 그곳이 오월이 되면 더욱 생각난다.

작은 언덕 위에 흰 눈 내리듯, 아까시 꽃잎이 펄펄 내리는 나무 밑에 앉아 놀다가 벌에 쏘여 통통 부어 오른 목덜미에 된장을 붙이던 일, 여덟이나 되는 아이들의 이름을 달아, 키우던 석류나무가 가득 피어 있던 옛 집의 꽃밭이랑, 모두가 정겹고 그리운 것뿐이다.

지금도 말끔히 쓸어 논 절간 앞마당에 자주색 목련이 피어나고, 큰 소리로 읊던 주지 스님의 불경 소리가 들릴 듯하다. 이런 추억을 오래 잊을 수 있었던가 싶다. 너무 많이 변해서 찾을 수 있을지 모르지만 이번 여행 때는 꼭 찾아가 봐야지. 그리운 시절의 골목 안에 또 누가 아직 그대로 살고 있을지도 모르니. 그러면 열두 대문 은행집 딸인 나를 알아볼지도 몰라.

자목련 꽃잎이 쉽게 터지고
나지막이 꽃바람이 날아오는 오후
지그시 눈 감은 얼굴 위로
아물아물 고향의 봄이 펴지는구나

하얀 아까시 꽃잎 펄펄 날리던 뒷동산에

가시내의 이름 부르던 그 목소리가 정겹고
개운사 절 산 바윗물에
여인의 빨랫방망이 소리
산 메아리 타고 돌아오는 옛 마을의 젊은 세월

참으로 오랫동안 잊고 있었구나
황폐한 가슴의 문 열고
하늘 끝 사이로 달려오는
따스하고 부드러운
봄의 모습을 담고 싶구나.

여고 동창생

친구 집 결혼 피로연에서 점심 먹는 줄을 기다리는데 내 등 뒤에 몇 사람 건너 서 있는 한 분의 모습이 낯설지 않았다. 이곳 생활이 오래된 나는 아는 사람이려니 생각했으나 머릿속에 스치는 그녀의 모습은 오래 전에 보았던 학교 친구란 예감이 들었다.

나는 넌지시 옆으로 가까이 다가가서 물었다. "이름이 ○○지. 나 ○○야." 반가움에 처음부터 튀어나온 반말이다. 이게 얼마 만인가.

여자 중 · 고등학교 시절, 같은 학교 같은 반에서 공부하고 졸업 후 뿔뿔이 헤어져 40여 년이 넘는 동안 한번도 서로 보지 못했으나 어렴풋이 기억은 남아 있었다.

그 후 둘의 만남은 시작되었고, 그리고 여고 동창생 몇 명을 더 찾아내었다. 다시 모였을 땐 한 친구가 앨범을 들고 와 지나간 시절을 회상했고 그동안 몰랐던 친구의 안부와 소식을 듣고 졸업생들과 선생님들도 함께 만나 보기로 했다.

교감선생님으로 퇴직한 국어를 가르치시던 선생님, 3년 동안 담임으로 계시던 선생님, 화학 선생님, 수학 선생님과 선배들을 찾았다.

그리고 모두들 설레는 마음으로 약속장소에 모였다. 얼마나 많이 변했을까 상상했는데 생각보다 세련미가 풍기고 자상한 어머니의 고운 얼굴들이었다. 교감선생님은 정정해 보였으나 벌써 여든이 넘으셨다.

중학교 첫 국어시간에 앉은 번호대로 책을 읽게 한 후 결근한 선생님 시간엔 반 아이들에게 수필이나 시를 읽어 주기도 했다. 교내 방송을 할 수 있는 기회가 주어져 그 후부터 나는 문학소녀의 꿈을 키웠다.

문학소녀가 되겠다고 학교 뒷동산 나무 밑에 앉아서 읽던 김소월의 시집과 괴테의 시집, 한국문학전집 서른여섯 권과 세계문학전집 서른두 권을 읽던 때가 바로 여고 시절이던 것으로 생각된다. 수학은 제일 싫어하는 과목이었다.

그러나 이른 아침에 화장실 가면 한손엔 책을 또 한손은 칫솔질을 그리고 볼일을 보면 한번에 세 가지 일을 할 수 있다고 하신 수학선생님의 말씀을 나는 지금도 실천하고 있다.

매년 크리스마스가 되면 대학 동창회 파티가 줄줄이 열리나 중 · 고등학교 동창회는 극히 드물다. 아름다운 꿈이 피어나는 사춘기 시절, 장래에 모두 훌륭한 사람이 되겠다고 꿈꾸었던 여고시절, 6년 동안 즐겨 입던 교복, 양팔이 무겁던 책가방과 명찰과 학교배지 등 그런 것들을 다시 해보고 싶다. 선생님 봉급날 아이스케키와 계란 먹기 대회 등 모두가 그 시절에만 가질 수 있는 짓궂은 여학생들의 장난이 생각난다.

이곳은 6월 여름방학 바로 전날에 졸업식을 갖는다. 6월을 맞고 보니 그 옛날 학창 시절이 더욱 간절하게 그리워진다.

지금은 할머니가 되어 손자 손녀들의 재롱을 보며 아이들의 친구가 된 선생님들과 선배들 동창생들의 건강을 걱정한다. 우리의 생활이 누구에게나 바쁘지만 작은 시간을 쪼개어 서로의 가정에 슬픈 일과 즐거운 일들을 함께 나누는 우정의 만남을 약속했다. 이제 선생님들과 제자들이 같이 늙어간다.

5월 16일은 스승의 날이다.

선생님의 가르침에 보답하는 제자들이 "우리를 잘 가르쳐 주

셔서 이렇게 자랐습니다." 하고 답례하는 이 날은 우리에게 더없이 즐거운 날이다,

부디 건강하시고 오래 오래 즐겁게 사십시오.

감사합니다. 고맙습니다. 그리고 사랑합니다.

손수건의 그리움

미국 소녀 백가방 속에는 마스카라와 루주가 으레 필수품처럼 들어 있듯이, 우리 처녀 시절엔 조그만 손잡이 거울과 손수건이 언제나 손가방 속에 들어 있었다.

가장자리에 예쁘게 수놓은 것 또는 꽃이 아름답게 피어나듯 화려한 꽃무늬를 박은 것들. 그 꽃밭에 한두 방울의 향수를 떨어뜨리면 온 종일 향긋한 게 기분이 좋았다.

손수건은 근사한 저녁 초대받은 날 정복차림을 하고 곱게 접어 윗쪽 주머니 속에 나비처럼 꽂아, 슬픈 영화를 보고 눈물이 나면 순결한 눈물방울도 닦고, 무더운 여름날 이마에 맺힌 땀방

울도, 지나가던 굵은 소낙비에 젖은 얼굴도 닦을 수 있는 고마운 친구이다.

시원한 가을바람 긴 머리칼 날리면 예쁘게 잡아 묶던 머리댕기, 이별할 땐 그 임이 작은 점으로 보일 때까지 흔들어 주던 표적, 사춘기 시절 봄 들판에 앉아 시집을 읽고 있을 때 바람이 살짝 책장을 넘길까 봐 그 사이에 접어 끼우는 책갈피 등 수많은 아름다운 기억들을 간직하고 있는 것이다.

그런데 이러한 손수건의 매력을 집어던지고 언제부터인가 종이휴지로 손수건 대용을 하게 되었다.

종이는 먼지가 풀풀 나고 얄팍해서 찢어지기 쉽고 한번 사용하고 나면 쓰레기통에 버려야 할 휴지 쪽이다. 쓰고 나면 길가에 아무렇게나 버려져 여기저기 바람에 굴러다니는 것도 보기 흉하고, 꽃나무 가지에 걸리거나 강아지가 물어뜯어 온 집안이 어수선하게 되는 등의 이유로 종이 휴지를 쓰는 것을 좋아하지 않는다.

이곳 사람들은 헝겊 손수건을 모르는 모양이다. 백화점 진열장을 열심히 들여다보지만 쉽게 찾을 수 없어 한국 갈 때마다 몇 장씩 사가지고 온다.

하루 쓰고 난 후 손으로 깨끗이 빨아 곱게 접어 옷 색깔과 맞추어 지니고 다니면 참 뿌듯하다. 아침이면 으레 청결하고 네모 반듯하게 다림질한 하얀 손수건을 건네는 아내에게 고마워하는 남편들의 얼굴에 흐르는 흐뭇한 미소는 또 얼마나 가슴 벅찬가.

풀잎 물들까 잔디밭 덮어 놓고
그대 앉아 주던 눈뜬 사랑
짧은 옷 하얀 다리 누가 볼까 수줍어
가려 두른 꽃물 치마
긴 머리 바람결에 곱게 잡아 모은
무늬 고운 머리댕기
슬플 땐 눈물 닦고 흐른 땀 묻어 배인
이별의 작은 흔들림
지금도 곱게 간직 하고픈
접어 놓은 그리움

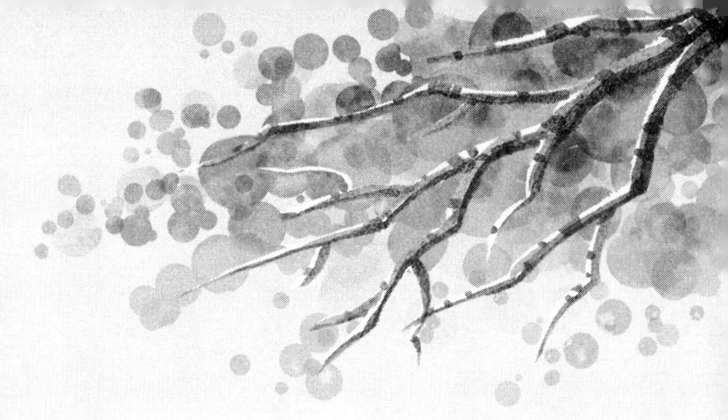

2부

살아있는 사건들

미국의 새 대통령 | 샌프란시스코 | 샌드라 켓슈 | 피부 색깔의 등급 | 여덟 쌍둥이 엄마 | 북한의 미사일 | 삶과의 전쟁 | 모빌 홈(Mobile Home) | 두 분 전 대통령의 죽음

미국의 새 대통령

전 세계에서 모인 수백만 명이 워싱턴 시디에 모인 이유는, 미국의 새 대통령으로서 선서하는 역사적 순간의 그 현장에 있고 싶었기 때문이다. 청중 대부분 아프리칸 아메리칸들은 흑인 대통령이라는 도저히 믿을 수 없는 일이 꿈이 아니고 환상이 아니라는 사실을 직접 눈으로 확인하고 싶어서였으리라.

그들의 얼굴엔 기쁨의 승리보다는 감격의 눈물을 흘리며 모든 순간순간마다 환영의 힘찬 박수를 보내는 것을 나는 하루 종일 TV 앞에 앉아 처음부터 끝날 때까지 꼼짝 않고 지켜보았다.

그의 아버지는 아프리카의 케냐 사람으로 미국으로 이민 와

백인 여자와 결혼하여 첫 번째 아들을 낳았다.

자연 생물학을 전공하던 어머니의 직업을 따라 어렸을 때는 인도네시아와 하와이에서 자랐고, 대학은 동부에서 법학을 전공한 수재이다. 특히 법률을 전공한 하버드 출신으로 말 잘하고 실력파인 것을 이번 대통령 선거를 보고 칭찬하지 않은 사람이 없다.

부모의 좋은 점만 닮아 얼굴 색깔만이 약간 검을 뿐 훤칠하고 마른 몸집에 정장이 잘 어울리는 멋쟁이다.

어느 배우가 그보다 더 잘 생길 수 있을까. 또한 쩡쩡히 울리는 그의 목소리는 부드럽고 정확하고 한마디의 말도 놓칠 수 없는 박력 있고 힘찬 패기가 넘치는 재능이 있는 말솜씨다.

화려하지도 길지도 않은 취임식 장면은 선서와 함께 현존하는 대통령 내외와 새로운 대통령 버락 오바마와 미셸 오바마 그리고 큰딸 샤샤와 둘째딸 무리아가 외할머니의 손을 잡고 들어왔다. 조지프 바이든을 부통령으로 한 팀을 이룬 민주당이 케네디 뒤를 이어 오랜만에 정권을 넘겨받은 것이다.

44대의 미국 대통령 그는 47세로 제일 어린 대통령으로 꼽힌다. 아직도 내 머릿속에 생생하게 남아 있는 장면은 취임식을 마치고 텍사스로 돌아가는 전 대통령 죠지 부시내외가 헬리콥터를 타러 도망치듯 뒤도 안 돌아보고 안으로 들어가버리는 모습이다.

모두의 눈에 처량하게 비추어졌을 것이라 생각한다.

취임 후에도 그의 출생에 관해 근거 없는 주장에 자격 시비 음모론이나 진보적 이념성인 그의 연설을 놓고 세계 최고의 사회주의라고 공박하며 부의 재분배라는 등 보수 정치인 공화당 의원들은 열심히 공격하고 있다. 변화를 외치며 출범한 후 경제위기를 맞은 미국호를 구해낼 경기부양법안 마련에서부터 주요 장관 임명 선임에 이르기까지 모든 난관에 봉착한 이슈가 한두 가지가 아니란다.

땅에 떨어진 경제 살리기 중산층 세금 감면이나 테러 관련정책 방향 사회 간접 자본투자 실업자와 근로자들에 대한 지원방안 등 얼마나 할 일이 쌓여있을지 모른다.

'국제사회가 미국을 외면하면 전 세계의 문제를 해결할 수 없다.' 국무부 장관 홈페이지에 띄운 글이다. 그만큼 미국이 전 세계를 지배하고 있다 하겠다.

동유럽 서유럽 아시아 국가까지도 금융한파 위기에 놓여 있어 세계경제가 떨고 있으니 미국 정치가 주목되고 있는 것은 사실 아닌가.

장래에 나도 대통령이 될 수 있다는 긍지를 후세들에게 보여주고 꿈과 희망을 심어준 버락 오바마 대통령의 굳은 신념을 믿으며 그의 힘찬 노력에 찬사를 보낸다.

샌프란시스코

정월인데도 두 주일 동안은 마치 여름날씨처럼 따뜻하고 온화한 기운으로 섭씨 70~80도를 윗돌아 꽃나무들과 작은 꽃들을 어리둥절하게 만들더니, 이월에 들어서자 밤새 불던 바람이 폭풍으로 변하여 모아둔 상자와 작은 그릇들을 날려 보내는 소리에 모두를 잠 못 들게 했다.

겨울 동안에 비가 오지 않으면 캘리포니아의 식수는 장만할 길이 없고, 일년 내내 물을 아껴 써야 하는 것은 물론 화단에 물도 허드렛물을 모았다 주어야 하는 형편이다.

인간이 만들어낸 기계문명이 발달될수록 이 지구 안에 온난화

현상이 자주 일어나고 심각한 사태에 빠져들고 있다는 것을 이 세상에 살고 있는 사람이라면 누구나 잘 알고 있는 사실이다.

103년 전 4월 18일 가장 큰 지진으로 도시 전체가 불바다로 폭싹 주저앉았던 샌프란시스코는 그 후에도 여러 차례 작은 일도 만났다. 언제 날지 아무도 모르는 또 한 차례 지진의 피해를 덜기 위해 그 줄기를 찾아내는 등 좀 불안한 마음으로 살고 있는 중이다.

살갗이 타 들어가는 무더운 여름산이 며칠 동안 불길을 잡지 못해 온 산을 태우고 마을까지도 잿더미로 만드는 일은 해마다 볼 수 있는 일이다.

미국 51개 주 중에 가장 서쪽에 자리하고 있는 농사를 질 수 있는 기름진 땅을 차지하고 있는 캘리포니아 주의 수도 새크라맨토에서 주지사가 이 주에서 일어나는 일들을 모두 처리하고 관리한다.

이곳 샌프란시스코를 아시안들은 상항이라 부르기도 한다. 그 옆에 붙은 산호제라는 동네에는 특히 전자회사가 발달되었고 항상 따뜻한 날씨를 보장하는 곳이지만 요즘은 계절이 점점 변하는 것을 느낌으로 알 수 있다.

대한민국의 수십 배가 넘는 크나큰 땅덩어리를 여행하면서 조금 잘라서 한국으로 보내 주었으면 좋겠다는 마음이 간절할 때도 있다.

남자들이 며칠 입어도 더럽지 않은 하얀 옷을 보면서 이곳 날씨가 어떠한지를 짐작할 수 있다. 이렇듯 좋은 날씨 탓으로 요사이 인구가 많이 늘었다. 일년 동안 148만 명이나 증가한다는 하나의 주에, 내가 사는 동네엔 11만 명이나 불어났다니 이곳에 아시안이 가장 많이 살고 있다고 해도 거짓은 아니다.

상항에는 중국마을도 있고 일본마을도 또한 한인타운도 있다. 금문교를 중심으로 성냥갑을 세워 모아 놓은 듯 반듯하고 낮은 작은집들, 아직도 전차가 댕댕거리며 누비고 다니고 언덕길에 예쁜 꽃들로 정원을 만든 그림 같은 꽃집, 주말이면 관광객이 쉬어 가는 나무의자 옆에서 바이올린을 연주하는 악단들, 구멍가게 하나하나가 앤틱으로 장식되어 자기 나라의 독특한 문화와 관습을 느끼게 하는 분위기가 물씬 풍긴다.

바다를 끼고 있는 언덕 마을은 9, 10월이면 안개가 물 위에 내려앉고 세차게 밀려오는 파도 소리에 잠 못 드는 밤이 허다하다.

금광을 발견하여 새운 금문교는 붉은 색깔을 띠고 물 안에 들어앉은 듯한 시내를 바라보는 높다란 다리 위에 거대한 몸집은 오늘도 그 늠름함을 자랑하며 상항을 지키고 서 있다.

성인 프란시스코의 이름을 따서 붙인 이 아름다운 마을은 아기자기하고 귀여운 도시이며 한 장의 그림엽서에서 보는 것처럼 젊고 부드러운 도시이다.

1960년의 자니 버젯이 부르는 샌프란시스코의 노래가 사뭇 정겨운 아름다운 항구 도시가 바로 이곳이다.

샌드라 켓슈

8살짜리 여자 아이 샌드라는 학교에서 집으로 돌아오는 길에 없어졌다. 감시카메라에 찍힌 사진은 책가방을 등에 매고 다리를 꼬듯 깡충깡충 뛰어오는 것이 마지막 장면이었다.

캘리포니아 주 안에 있는 작은 동네에 튜레시라는 마을, 가족 모빌홈에 사는 부모는 그녀가 멀리는 가지 않는 아이라고 하여 온 동네사람들과 관할 경찰들과 합세하여 몇 날 며칠을 촛불을 밝히며 쓰레기통까지 샅샅이 뒤집었어도 아이를 찾지 못했다.

거의 7일째 되어 가던 날 검은 가방 하나가 그 동네 가까운 웅덩이 옆 풀숲에 버려져 있는 것을 발견하고 열어 보았더니 그

속에 어린 여자 아이가 토막이 난 채 숨져 있었다.

한 여인을 유도심문한 끝에 단서를 잡아내어 그녀가 살인범이란 것을 알렸고 신문과 텔레비전은 그동안에 일을 낱낱이 보도하기에 이르렀다. 그녀의 이름은 메리사 허크비 28세의 여인 혼자서 아이를 키우는 미혼녀 아니면 이혼녀일 것이다.

샌드라와 가장 가까운 친구의 엄마이기도 하지만 동네 교회에서 아이들에게 성경을 가르치는 선생님이었다고 한다. 여자가 여자 아이를 성추행하고 죽인 일은 이번이 처음 있는 일이란다. 자기 딸은 좋은 여자라고 변명하는 허크비 아버지와 그녀의 할아버지는 같은 교회에 목사이다.

이렇게 어린아이에게 가장 악랄하고 추악한 행위를 저지른 그의 가족을 우리는 어떻게 이해하고 받아들여야 할까. 정신병자라고만 취급하기엔 너무나 어처구니가 없는 일. 온 마을사람들은 어린이의 죽음을 불쌍히 여겨 장난감과 촛불로 동산을 만들어 쌓아 놓고 며칠 동안 그 소녀의 영혼을 위로하는 것이다.

장례식은 가족장으로 두 개의 말이 끄는 예쁜 꽃 장식의 마차를 이용해 묘지공원으로 향했다. 그날 저녁 넓은 학교 강당 안에서는 2,600명이나 모인 가운데 샌드라가 살아 있을 때에 찍은 사진들(크리스마스와 학교 모임 때)로 엮은 예쁘고 깜찍한 모습의 영상을 보며 추도식을 가졌다.

살인자 허크비가 주황색 죄인복을 입고 허리와 다리 손이 묶인 채 걸어들어와 법정에 서 있는 그녀의 얼굴은 울먹이는 듯했으나 어떤 방법으로도 죄를 면할 수 없는 것은 이 사건 전에 또 다른 어린이에게 약을 먹인 것이 발각되었다 한다. 어떤 방법으로 처벌이 내려질지 끝맺음을 보지 못하고 나는 떠나왔다.

사람으로서 할 수 없는 만행이 다시는 일어나서는 안 되리라 본다. 어린 나이에 죽임을 당한 생명을 슬퍼하며 샌드라의 영혼을 위해 기도하는 부모가 될 것이다.

피부 색깔의 등급

미국이란(아름다운나라) 땅에서 살고 있는 국민들은 여러 종류의 피부 색깔이 모여 살고 있다. 우리가 알고 있는 것처럼 아메리카 신대륙을 처음 발견한 콜럼버스가 타고 온 배 안에는 해적들과 영국의 죄인들을 실은 앵글로색슨이라 부르는 백인들과 노예 생활로 끌려온 아프리카 흑인종, 또한 원주민인 인디언의 황색인종 등이 있었다. 이들이 일구어 놓은 땅에서 아직까지도 다채로운 피부의 종류로 조화를 이루고 있는 나라가 미국이다.

그 후로 이민이란 푯말을 내걸고 미국이 참견해서 전쟁에서 실패한 조그만 나라들을 받아들여 200년이란 짧은 역사 속에서도 지구 안에서 가장 강대국이며 선진국이란 이름이 부끄럽지 않을 정도로 노력하고 있는 민주주의 나라이기도 하다.

지구 안에 230개국의 나라 백성들이 지금까지도 계속 이곳으로 이민을 오는 이유는 무엇일까. 그것은 첫째로 하나님이 주신 축복의 땅(하나님을 섬기는 나라)이기 때문이다.

인간이 살아가는 데 필요한 모든 것을 갖추고 있는 거대한 땅덩어리 안에 기름진 옥토와 바다의 보물, 우거진 산맥에 풍부한 자연이 묻혀있으며, 둘째로 똑똑한 두뇌를 가진 사람이면 자기의 꿈을 조건 없이 쉽게 이룰 수 있기 때문이라고 생각한다.

그러나 이 속에도 인간 차별이 있다는 것을 많은 사람들은 모른다. 파란 눈에 노랑머리인 백인을 일등 국민이라 하고 물개 같은 검은 피부를 이등 국민으로 꼽고 그 다음이 동양인인데 그 중에도 영어를 잘하는 필리핀인과 인도사람을 삼등국민이라 칭한다.

멕시칸과 필리핀 사람들은 어느 정부기관에서든지 많이 볼 수 있다. 그 이유는 그 나라 사람들이 이곳에서 많이 살고 있다는 증거이다. 뛰어난 영어 실력을 갖춘 엔지니어나 변호사, 의사들은 교육이 강한 나라의 1.5세나 2세들이다. 공부하기 싫어하는 체격 좋은 흑인들은 주로 풋볼이나 농구 배구 야구선수로 활동하고 또한 연예인(배우나 가수)으로 살고 있는 비중이 크다.

힘든 일을 도맡아하는 대부분은 멕시칸들이다. 요사히 한국식당이나 그로서리에 가면 한국 반찬(김치 순대 부침 등)을 멕시칸들이 만들어낸다니 제대로 그 맛이 나겠는가.

이 나라에선 직업의 귀천은 없다. 허나 시간당 얼마나 받고 일년간 수입을 얼마큼 벌어들여오는가에 따라 그들의 인격이 저울질된다. 전 세계의 부자들이 미국에 제일 많이 산다고 하지만 인구에 비해 몇 %나 될까? 몇 년 전 L.A에서 일어난 4 · 29폭동은 동양인이 와서 자기네 일자리를 뺏어갔다는 명목으로 일어난 것이라고 하지만, 사실 알고 보면 자영업을 하는 한인들이 흑인상대로 벌어들인 돈으로 경치 좋고 비싼 동네에 집을 사고 좋은 차를 굴리고 다닌다는 죄목을 뒤집어쓴 것이다.

골든게이트 다리를 넘으면 오클랜드라고 불리는 동네에 동양학생들이 많이 있는 U.C. 버클리 대학이 있고 브로드웨이와 텔래그라프 거리에 한인들의 사업장이 있다.

그곳엔 주로 까만 사람들이 밀집되어 산다. 늘 무서움과 두려움으로 손님을 대하며 하루에도 총사건과 살인사건이 한두 번은 일어나고 있는 곳이다.

이런 탓에 한국교회와 흑인교회는 서로 친목을 도모하여 추수감사절이나 크리스마스에는 서로 음식을 나누며 친구로서 잘 지내고 있다.

이번 44대 아프리칸 아메리칸 오바마 대통령의 체면을 봐서라도, 인간의 종류나 피부의 색깔을 넘어선 모든 인간은 모두가 형제와 자매라고 부르짖는 그의 뜻을 따라, 우리가 어디에서 무엇을 하든지 떳떳하고 자랑스러운 국민이라는 자존심을 갖고 살기를 바라는 마음이다. 미국은 원래 합중국이란 말이 잘 어울리는 나라이다.

여덟 쌍둥이 엄마

텔레비전 채널마다 보여주는 것은 한 애기엄마의 얼굴이다.

그녀가 좋아한다는 배우 얼굴로 성형한 모습, 얼른 보기에도 거의 비슷하다. 30대 젊은 나이로 벌써 6명의 아이들을 가진 그녀 이름은 나드야(NADYA) 셀멘이다.

그리고 다시 8명이나 되는 쌍둥이를 가진 그녀는 분명 문어다리 엄마이다. 그 조그만 뱃속에서 열 달 동안 품고 키워냈다니 사람으로서 어떻게 그리 할 수 있었는지 의사들도 놀란다.

닥터 필이란 프로그램을 통해 나는 자세히 보았다. 밀리온 미레클이란 제목을 걸고 LA에 있는 카이져 병원을 찾아가 미숙아로 아직 인큐베이터 속에서 살아나오기를 기다리는 갓난이들은 꼬물꼬물 움직이기도 하고 오물오물 강아지 새끼처럼 자고 있었다. 몇 주후면 2명씩 짝지어 집으로 돌아갈 것이라 하는 그 애기들 이름은 노아, 마시아, 이사야, 조지야, 조나, 제레미야, 나리야, 조시아 등이다.

엄마의 이름 끝을 따서 모두 야자를 붙인 것을 보면 남녀를 모두 가리지 않기 위해서인가. 애기엄마는 여러 번의 정자와 난자를 수정하여 시험관 아기를 만든 것이란다. 이 모든 것을 맡았던 카이져 병원 담당 의사도 지금은 몹시 고민하고 있다 했다.

영화배우도 아닌 그녀가 파파로치를 피해다니며 쇼 프로그램에 떳떳이 나와 이야기할 수 있는 정도라면 커다란 야심을 품었을 것이라 나는 생각했다. 아버지도 없는 자식이 올망졸망 여섯이나 있는데도 또 여덟이나 낳았다면 그들의 자녀 교육은 어찌할 것이며 의식주는 어떻게 꾸려나갈 것인가?

아이들 모두 합하면 14명이다. 풋볼선수 한 팀도 만들 수 있고 합창단 코러스도 만들어낼 수 있는 단원이다.

그 방송이 나간 후, 그녀는 밀이온이 넘는 방이 많고 아이들 놀이터도 넓고 뒤뜰이 있는 집을 선물받았고, 장난감 등 여러 가지 집안 가구들도 가득 채워졌다. 그녀의 야심은 아이들로 인해 이루어진 것이라 할 수 있다. 하나밖에 없는 자기의 딸을 죽인 엄마도 있는데 열네 명의 아이들 이름은 이마에 써 붙여 놓지 않아도 혼동하지 않고 제대로 부를 수 있을까 걱정하는 나와는 달리 그녀는 아이들 욕심이 많아 잘 키울 수 있을 것이라 믿는다.

미국 사회에 백인의 인구가 줄어가는 이때 국가에서는 좋아라 할 것이며 모든 방법을 총동원하여 아이들의 교육문제와 경제문제를 해결해 줄 것이라고 본다.

북한의 미사일

2009년 4월 4일부터 4월 8일 안에 미사일이 아닌 인공위성이라 우기며 북한은, 그동안 몰래 감추고 연구했던 미사일을 당당히 쏘겠다고 유엔 국제안보리에 서신을 보내 전 세계를 깜짝 놀라게 했다. 미사일을 쏘지 말라고 그렇게 말렸지만 그들은 들은 척도 않고 4월 4일 11시 30분을 기해 결국 쏘고야 말았다.

1998년 시험 케이스로 10년 만에 다시 도전한 것이다. 미사일 은하2호는 일본 해상을 거쳐 미국 알라스카 지방 바다 위를 향했다. 일본은 자기 나라 해상을 통과한다 하여 미사일을 떨어트리기 위한 작전을 세밀히 세웠고 군함 5척을 해상에 띄웠다. 그 중 세종대왕이라는 이름을 가진 군함이 한국의 것이었다.

허나 미사일 발사 후 경습공보가 울리고 시민들이 우왕좌왕 했지만 일본 해상을 지나는 것을 잡지 못했다. 결국 알라스카지방 가까이 떨어지기는 했나 보다. 아직 찾았다는 뉴스는 듣지 못했다.

왜 북한은 미사일을 만들어 세계의 미움을 받는지 모르겠다. 여러 차례 이남에서 이북을 열심히 알게 모르게 도와주었다. 돌아가신 정주영 씨는 자기 고향이라고 개성공단도 세우고 금강산 관광이며 열린음악회나 가요무대 등 연예인들의 친목과 가족 상봉을 몇 차례나 가졌던가.

그보다 김대중 대통령의 평화상은 많은 돈이 건너갔다고 한다. 미국의 적십자가 여러 차례 그곳을 방문하고 어린이 병원시설 기아선상에서 허덕이는 국민들에게 쌀, 옥수수, 비료 등 적지 않은 것을 원조했지만 북한 정부는 그것을 백성에게 주지 않고 미사일 만드는 데 쓰고 있었던 것이리라.

한국전쟁 59년이 넘었으나 남한과 북한이 이렇게 서로 다를 수 있을까. 남한의 사람들은 통일을 원치 않는다 한다. 오랜 세월 동안 보고 싶었던 부모님과 형제들은 다 돌아가시거나 이미 늙어버렸고 현재 국민들은 북한의 정치를 찬양하는 자들뿐이니 서로 다른 사상과 이념은 맞을 수 없을 것이다. 한 조상의 피를 내려받은 같은 형제이니 필요한 것을 도와주면서 그냥 이처럼 살아가는 수밖에 없을 것 같다고 말한다.

이번 미사일 이후 국제 안보리에서는 강력한 메시지를 보냈다. 유엔 안보리 법 1718을 지키지 않고 무시한 죄로 어느 나라도 원조하지 않을 것이며 앞으로 또 시행할 시에는 강한 처벌을 받을 것이며 국제사회에서 영원히 매장될 것이라고 경고했다.

이젠 중국도 소련도 6자 회의에서 막아 보자고 순응했다. 북한의 한 대사는 “나는 해피합니다. 우리는 성공했습니다.”라고 영어로 말했다.

삶과의 전쟁

이 해도 벌써 열흘이 지났다. 아침저녁으로 유난히 쌀쌀한 바람을 느끼며 올해는 또 어떤 시련을 겪으면서 살아야 하는가 하는 걱정이 앞서니 설익은 단감을 한 입 깨문 듯 입안이 떨떨하다.

1999년 나란히 서 있는 아홉수는 2000년을 달리는 마지막 숫자요, 또한 컴퓨터 밀레니엄 버그(인식오류문제)로 세상을 떠들썩하게 만들면서 종교적으로는 심적 불안을 주는 지구 말세론을 펼치는 해가 된다는 소문이다.

그러나 그 무엇보다도 우리 피부로 느끼는 것은 현재 생계를 잇는 의식주의 타격이다. 하루하루 살아가는 생활 속에 작년 말부터 필수품값이 하늘 높은 줄 모르고 뛰어오르니 소매업을 하는 많은 사람에게 어려움을 주며 경제적으로 생활의 곤란을 가져오는 것이다.

첫날 아침부터 들어온 손님들 입에서 행복한 새해가 되라는 인사와 함께 올해는 담배를 꼭 끊겠다고 한다. 술과 담배가 사람들의 몸에 좋은 것은 아니지만 없어서는 안 될 기호품이 아닌가. 기쁠 때나 슬플 때나 또 스트레스를 풀고 싶을 때나 운동경기를 보고 있을 때는 빠질 수 없는 친구이다. 이런 저런 핑계로 마시다 보면 저절로 삶의 희로애락을 느끼는 것이며 넉넉한 마음에 여유를 갖게 하는 것이기도 하다.

글 쓰는 사람이 생각이 멈출 때나 깊은 사색에 빠지고 싶을 때나 모든 잡념을 벗어버리고 싶을 때, 머리를 식히는 데 좋은 효과를 가져오기도 한다.

굵은 시가를 한입에 물고 다니시던 영국의 처칠경의 모습을 보았을 때 그 구수한 나뭇잎 타는 냄새가 내 코 가까이 느껴지며 항상 파이프 담배를 즐기시던 친정아버님의 멋스러운 모습이 눈에 선하게 그리웁다.

가늘고 길게 사는 것보다 굵고 짧게 인생의 멋과 맛을 느끼면서 사는 사람들이 얼마나 될까.

세상은 바뀌어 지금은 내 주머니 사정이 두둑해야 행복한 생활을 할 수 있단다. 바지 속 호주머니에서 짤랑거리는 동전이나 꾸겨진 지폐 몇 장으로는 인생이 즐거울 수 없는 것이다. 돈이란 어느 누구에게나 사랑을 받는다. 하물며 어린아이들에게 까지도…….

이곳에서 팔고 있는 가주 복권은 매주 두 명의 백만장자가 탄생된다. 복권판매 시작이 15년이 넘은 듯하니 거의 1,000여 명이 넘는 부자를 만들어냈다고 할 수 있겠다. 백만 달러를 갖는 자는 자기 노력의 대가이고 천만 달러를 부여받은 자는 하늘의 축복을 받은 사람이라고 했는데 그러면 그들은 과연 어떤 노력의 대가로 부자가 되었을까.

미국에는 세계에서 가장 많은 부자가 살고 있다. 미국 최고 땅 부자는 CNN창업자 테드 터너 회장인 것으로 밝혀졌는데 그는 몬태나, 네브래스카, 캔자스, 사우디다코타, 뉴멕시코 등 미국 10개주의 20개 지역과 아르헨티나, 남아메리카 최남단에까지 땅을 소유하고 있다 한다. 나로서는 상상도 안 되는 일이다. 다리에 핏줄이 빨갛게 뻗치도록 하루 종일 뛰어다녀도 내겐 그런 조그마한 기회도 찾아오지 않을 듯싶고 내 평생을 벌어도 만져 볼 수도 없는 돈이다.

자기 직업에 만족을 느끼며 사는 사람이 몇이나 될 까만은 이렇게 사는 것이 힘이 들어서야 아침이면 꼭 전쟁터로 싸우러 나가는 군인들 같다. 남들이 즐기는 주말이나 공휴일은 더 바쁜 날이니 365일 쉬는 날 없는 이런 사업을 왜 택하였는지 후회할 때도 많다. 이곳에 사는 대부분의 한국 사람들은 자기 영업을 하고 그 중에도 식품상을 가장 많이 하는 이유는 특별한 기술을 요하지 않고 긴 시간 일하면 돈을 벌 수 있다는 상상 때문이다.

그러나 현금을 취급하다 보면 강도나 도둑이 꼬이는 장사라는 것을 미처 생각지 못했었다. 물론 장소나 손님에 따라 다를 수 있으나 방송이나 신문을 펼치면 으레 총 맞고 쓰러지는 사람들은 리커스토어나 마켓에서 일하는 사람들이다.

이렇게 죽음을 무릅쓰고 만든 돈은 세금이나 면허증 수수료 또는 보험료 등 여러 가지 비용을 제하고 나면 손에 남는 것은 얼마 되지 않는다.

"지옥이 따로 있나 사는 것이 전쟁이야." 늘 입버릇처럼 튕겨 나온다. 지구 어느 구석에도 평탄한 곳은 없는 것 같다.

지금 우리가 살고 있는 미국이란 나라도 살기 편한 나라는 아니다. 사회는 점점 험악해지고 피부 색깔의 갈등과 차별 대우로 삶의 질이 악화되어 가고 있다. 이런 상황에서 주어진 의무와 권리를 지키면서 살아가는 것이 최선이라 하겠다.

'만약 이 세상 지옥에서 전쟁이 나면 어느 누구가 살아남을 수 있을까.'

모빌홈(Mobile Home)

미국에는 이런 이름으로 불리는 집이 있다. 얼른 들으면 트레일러 주택, 이동 주택이라 하여 자동차와 같이 집을 끌고다니는 것 같은 느낌이 든다. 그러나 그런 것이 아니라 제조해서 만든 집(Manufactured Home)이란 뜻이다.

전시장에 가서 여러 견본과 값을 견주어 보고 본인이 원하면 6개월 동안에 완성해서 트레일러에 집 한 채를 둘로 나누어 싣고와 잘 다져 논 땅에 내려놓고는 두 쪽을 붙여 집을 만들어 카펫도 깔고 계단도 만든다.

집안은 보통 집과 똑같은 모양을 하고 있고 다만 집 밑에 많은 다리가 달려있어 집체를 버티고 있는 것이 다를 뿐이다. 버티고 있는 다리가 보이지 않게 치마를 둘렀다. 이곳에 자주 일어나는 지진을 막기 위해 집이 흔들렸다가도 주저앉지 않고 다시 제자리로 돌아간다는 장점이 있단다. 방이 셋 화장실이 둘 부엌과 식당 응접실과 거실이 있고 유리창이 열다섯 개나 되어 집안이 아주 밝다.

집이 앉은 방향에 따라 겨울은 좀 추우나 여름엔 아주 시원하다. 그 이유는 나무로 만들어졌기 때문이다. 집안에는 냉온방 장치가 되어 있어 살아가는 데 아주 편하게 되어 있다. 집 겉은 예쁜 색깔의 칠을 하고 앞마당엔 꽃도 나무도 가꾸고 뒤뜰에는 야채도 심어 먹을 수 있는 텃밭도 마련되어 있다.

옆집과 거리는 좀 떨어져 있으나 나무로 만든 담장과 기어 올라가는 나무를 심으면 서로 보이지 않고 비밀을 지킬 수 있어 보기에도 좋다. 다만 단점이 있다면 땅 주인이 따로 있어 매월 땅값을 내야하는 어려움이 있다. 땅은 따로 살 수 없기 때문이다. 한 동네에 백오륙십 채 이상의 집이 모여 한 마을을 이루고 산다.

클럽 하우스도 수영장도 있어 일주일에 두세 번은 커피 시간과 다과 음식들을 만들어 가지고 와서 이웃들과 친목도 나누고 서로 얼굴을 익히는 아름다운 정을 서로 나누는 등 추수감사절과 크리스마스는 빼놓을 수 없는 일 년 중 큰 행사이다. 이곳은 노인들만 사는 곳이다. 부부 중에 55세가 넘어야 하고 어린 아이도 안 되고 고양이와 개는 집안에서 키워야하며 차는 정해진 곳이나 자기 집 차고 안에 넣어야 한다.

저녁 9시 이후에는 떠들어도 안 되고 남에게 방해되는 일들은 안 하는 것이 좋다. 커다란 집이 필요치 않은 사람들이나 단독 집을 원하는 사람들에게 좋을 것 같다. 집값은 비싸지 않다. 오래된 집은 10만 불 이하 새 집은 20만 불이면 살 수 있다.

동네 사는 사람들과 아이들 일가친척만이 드나드는 곳이기에 매우 조용하다. 긴 여행이나 외출할 때도 문을 잠그지 않아도 도둑맞는 일이 거의 없을 정도다.

정부에서 보조하는 아파트는 서류 심사가 매우 까다롭고 많은 사람들이 기다리고 있어 오랜 시간이 걸려야 하고 세계 각 나라 가난한 사람들이 모여 사는 곳이라 이곳까지 이민 와서 구차하게 살고 싶지 않는 게 내 마음이었다.

경치 좋은 집을 팔고 남은 돈은 저금하여 필요할 때 쓰기로 하고 해마다 정부에 바쳤던 세금 이제 다시 매월 돌려받는 돈으로 살아갈 수 있도록 생활의 지혜를 짜 놓았던 것을 실행하기 위해 이곳으로 이사한 지 벌써 2년이 넘었다. 이 동네에는 한국 사람이 세 가정뿐이다.

처음 이민 왔을 때에는 식품점이 하나요, 교회가 넷, 다섯이었으나 지금은 수십 개의 식품점과 백여 개의 교회와 많은 음식점이 생겨나 식사 때마다 장사진을 이룬다. 삼십여 년의 세월이 흘러 그동안 많은 이민가족과 여행자들로 붐비고 있다.

한국사람뿐만 아니라 세계 각 나라 사람들이 이민을 많이 와서 미국에도 발 들여놓을 틈도 없이 복잡하고 하루 24시간 정신을 차리고 살아야 할 때가 되었다.

이제 미국이란 나라도 더 이상 꿈만 가지고 살 수 있는 나라가 아니다. 수십 년의 세월을 지내고 보니 가난하고 어려웠던 그 시대를 잘 참고 살았더라면 하는 생각을 가끔 하게 된다.

짐승들도 죽을 땐 자기 자리로 돌아가 죽는다고 하는데 왜 사람들은 그들의 조국을 버리고 옛날의 나처럼 고향을 떠나려 하는지.

여행은 건강하게 걸어다닐 수 있을 때 먼 곳으로 떠나고 가까운 장소는 그 후에 다니는 것이 좋은 방법이다.

요즘 나는 생활의 권태로움에서 벗어나려고 자주 집을 떠나 먼 곳을 찾는다. 앞으로 남은 세월은 이렇게 조용하고 한가로운 집에서 살아가야 할 것 같기에…….

두 분 전 대통령의 죽음

서울 온 지 벌써 4개월이 된다.

그동안 대한민국에서는 많은 사건들이 일어났다. 특히 정치적으로 혼란을 빚어온 것은 이 나라 국민이라면 정치가 무엇인지 모르는 시민이라도 더 이상 비리 싸움과 정치 비난이라는 것을 안다.

나는 이곳 사정을 자세히 모르지만 뉴스를 보거나 거리에서 일어나는 사건을 눈으로 직접 보고 느낄 수 있었다.

새로이 당선된 자에게 자리를 내어주고 고향으로 돌아와 몸과 마음을 편히 쉬고 싶다고 누구나 다 똑같은 대답을 하는 것이다.

정치란 본인의 임기 동안이 얼마나 어렵고 힘이 들고 그리고 말들이 많은가를 듣고 보아 왔기에 아무나 할 수 있는 일이 아니라는 것을 너무나 잘 알고 있다.

그러나 그런 속에서도 난관을 헤치고 국민이 원하고 바라는 것을 이루어내야만 좋은 대통령이라고 존경을 받을 수 있는 것이다.

그래도 그 어려움 속에서도 부정은 있는 모양이다. 높은 자리에 있을 때 내 가족과 장래를 위해 마련한 돈거래는 역대를 통하여 걸려들지 않은 사람이 없을 정도다.

국민의 세금으로 살아가는 이 나라가 언제부터 이런 관습으로 물들어왔는지 아무도 모른다.

그 자리를 떠난 후엔 으레 따라오는 것이 돈 쓰임의 잘못됨을 파헤치는 일이다.

그것이 모욕이라고 생각되면 모든 잘못을 감추기 위해 체면을 억제하고 자기의 생명을 버린 자살 사건이 용상에 앉아 있었던 임금으로서 어찌 그럴 수 있었는지 모두가 의문이었다.

온 나라 안을 아수라장으로 뒤집어놓고 국민장으로 장례식을 치른 후에는 모두가 조용히 끝나버렸다.

그 후 3개월이 지난 8월 18일 86세의 노환으로 서거하신 김대중 전 대통령. 그분은 평생을 민주정치와 남북통일을 위하여 싸우고 행동하신 분이다. 여러 차례의 감옥 생활과 사형선고 문밖 출입 엄금 등 정치인으로 중요한 활동을 억압받았으나 결국 70의 고령으로 15대 대통령으로 당선되어 꿈을 이루고 민주정치를 펼쳤던 진정한 정치인이었다고 그의 약력은 말한다.

"대통령의 자리가 중요한 것이 아니라 대한민국을 바르게 지켜 나가야 한다."는 것을 신념으로 그의 목적이 이루어졌을 때는 I.M.F의 위기와 남과 북의 평화와 민주화를 이룩한 가장 존경받았던 분이 되셨다.

토마스토란 이름을 가진 천주교의 착실한 신자로 항상 기도로써 구하며 양심 있는 행동으로 국민의 어려움을 걱정하시던 마음을 뒤늦게 깨달은 국민들은 이제야 용서를 비는 것이다.

8월 23일 어르신의 영결식을 텔레비전으로 4시간 동안 지켜보면서 이제는 국민 모두가 나라의 정치에 관심이 많다는 것을 알게 되었다.

또 세계 여러 나라가 남과 북에 관심을 갖고 주시하고 있다고 느꼈다.

12개의 나라에서 조문단이 오고 메시지를 들고 북한 조문 사절단이 찾아온 것은 서로 남과 북의 평화를 위한 것으로 볼 수 있겠다.

국민의 정치 국민을 위한 정치 국민이 참여하는 정치가 진정

한 민주주의정치라는 그분의 가르치심과 남북 평화통일인 평화공존을 위해 몸소 체험하고 한평생을 살아오신 그분의 업적은 세상사람 모두가 염원하는 것이다.

국민이 바친 세금으로 유지되는 국가니 국민이 잘 살아야 나라가 잘 된다. 한국은 데모하는 나라 국회의원이 회의장에서 싸움만 하는 나라로 세상에 알려지는 것을 부끄러워해야 한다. 많은 정당이 서로 화합하고 단결해야만 바른 정치가 이루어질 것이 아닌가.

정치인이란 다만 국민을 대표하는 명예로운 직분일 뿐이다.

국회의원이나 대통령이란 직위는 개인의 돈을 만들거나 사치스러운 욕심을 채우기 위해 있는 것이라고 오해하지 않았으면 한다.

180여 개의 분양소를 차려 놓고 8월의 불볕더위에 6일 동안을 국장으로 모시고 4,800만의 국민이 애도하는 영결식은 동작동 자택과 도서관을 거쳐 서울 국립현충원 묘지로 향했다.

한평생 파란 많던 그분의 몸은 이제 편히 쉴 자리를 찾은 것이다. 영원한 안식을 취하기 위해 하나님의 부르심을 받든 것이다.

당신의 영전 앞에 삼가 명복을 빕니다. "위대한 지도자여!"

두 분의 장례식을 지켜보면서 한 분은 선산에 뿌려지고 또 한 분은 국립묘지에 안장되었으니 사람의 일생이 어떻게 살아왔느

냐에 따라서 죽은 후에도 그 위치가 달라진다는 것을 다시금 깨닫게 되었다.

사람은 죽은 후에야 그의 이름이 영원히 빛나는 것이다.

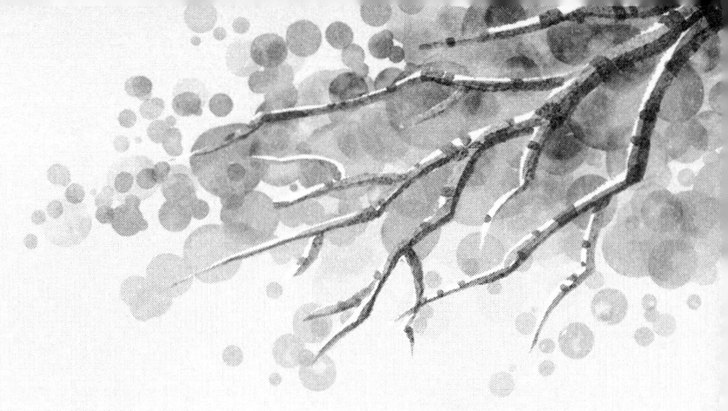

3부
사랑의 흔적

아버님 전 상서

조상의 얼을 모셔 외롭지 않으신가
옆 자리 부모 곁에 나란히 누우시고
행여 자식 잘못될까 먼 산 바라보시는
아버님 무덤가에 나는 와서 절하네

털 달린 오버코트 중절모자 깊게 쓰고
한복 즐겨 입으시던 키 크신 아버지
생전에 하신 말씀 아직도 이 가슴에
가훈의 크신 뜻 어찌 잊을 수 있을까
고향 가는 첫 날은 아버님 뵈옵는 날
한 아름 가득히 꽃을 꽂아드리네

가슴이 답답하지 않게 멀리 잘 내다볼 수 있는 곳에 자리를 마련했다 하시며 의정부 신세계공원 묘지에 살아생전 당신의 부모 먼저 모셔놓고 자식들 걱정하며 잘 살라고 내려다보시는 아버지. 외아들이기에 외로워 저희 팔 남매 낳고 기르셨으니 얼마나 고생이 많고 힘드셨는지 이제야 조금 알 것 같습니다.

은행 지점장 전근으로 만주 목단강에서 서울로 전라도에서 제기동으로 저희 여덟은 모두 각각 태어난 곳이 다르다 하셨습니다. 일본 압박에서 해방된 해 뚜껑 없는 기차를 타고 만주에서 청량리 역에 내린 그때가 제 나이 다섯 살, 아직도 생생히 기억하고 있습니다.

6·25사변이 일어났을 땐 서울 사람들은 모두 한강을 넘어 대구나 부산으로 피난을 떠났습니다. 아버님도 장성한 네 형제를 데리고 집을 나섰고 할머니와 아픈 엄마 나머지 어린 넷은 제기동 열두 대문집에서 준비해두신 쌀과 음식으로 아무 고생 없이 잘 지내고 있었습니다.

그 다음해 겨울은 몹시 춥고 눈도 내 키보다 더 높이 쌓여 넉가래로 한 사람 지나갈 정도로만 눈길을 치우고 다녔습니다. 그렇게도 몹시 추운 입춘날 어머니는 아이들을 남겨 놓고 우리 곁을 떠나가셨고, 저희들은 양지바른 곳에 엄마를 모셔놓고 아버지 오시기만 기다렸습니다.

몸이 약하다는 핑계로 늘 엄마 곁에서 먹고 자고 이야기하며 지낸 그 짧은 시절이 제게는 가장 소중했고 엄마와 함께 가질 수 있었던 가장 행복했던 시간이었다고 생각합니다.

해마다 입춘날이면 엄마를 생각합니다. "다섯 달구지 반해 그 겨울은 몹시 추웠다. 그래도 춘분이라 햇볕은 쪽마루에 걸터앉은 작은 소녀의 몸 끌어안고 아픈 배를 잊게 했다. 꼭꼭 걸어 잠근 덧문 사이로 어머니의 낮은 숨소리는 떨리더니 잠잠해졌다. 미나리 싹틀 때 동네 아이들이 무덤가에서 맴돌며 뛰어논다. 다시 온 입춘날 한 줌의 가루는 매운 강바람에 날리고 여덟 아이들 눈망울은 살굿빛이었다. 해마다 입춘날이 돌아오면 어머니 제삿날이다."

돌아가실 때 엄마는 39세. 위암으로 가신 큰 언니도 39세. 뉴욕에서 작은 매형과 젊은 나이에 차 사고로 떠나간 막내도 39세. 이렇게 세 사람 모두가 같은 나이에 짧은 생애를 마치고 떠난 우리 가족들을 어떻게 받아들일 수 있겠습니까. 사람은 만나면 반듯이 헤어지고 낳으면 반듯이 죽는다라는 말뜻을 이해하지 못했었습니다.

아버님! 몇 해 전 한국말을 아버지께 배우던 큰 손자와 증손녀가 찾아왔습니다. 삼십여 년 만에 처음이지만 한국공연차 왔다가 며칠 머무는 동안 할아버지께 인사드리고 싶다기에 데리고 왔었습니다. 섭섭히 생각 마시고 이제라도 찾아온 그들을 기뻐해 주십시오.

요즘은 옛날과는 달리 의학도 많이 발달되어 죽어가는 사람도 살리고 자기 몸 관리에 힘쓰며 몸의 유익한 것만 골라 먹고 잘 살고 잘 놀러 다니니 사람들 수명이 점점 길어져 국가들 간에 사회적으로 고민이 많다고 합니다. 앞으로 저도 몇 번이나 이곳을 찾을 수 있을는지요.

아버님!
오늘은 정월 초하루
설 음식을 등에 메고 찾아왔습니다

반나절이 지났을까 어둑어둑 지는 해
아무도 돌보지 않아 무너져내린 무덤가
비스듬히 누운 비목 이름조차 희미하네
곁에 앉아 여쭙고 싶지만 할 일 다 못했으니
차마 여식이라 할까
부드럽게 잡으시던 손 가지 말라는 뜻
서른 해가 넘도록 가슴에만 쌓았네
정월 초하루 백운산에 구름은 졸고
사람 얼굴로 앉아 있네

그동안 세월이 흘러 변한 것이 너무 많아요. 참, 내일이 큰 오빠 74세 생일이라 합니다. 오늘 아버님 생각이 너무 나서 이 글을 당신 앞에 두고 갑니다.

어머님 전

내게 남아 있는 엄마의 모습은 너무 어려서 기억이 희미하네
빛바랜 사진 한 장 가끔씩 꺼내어 들여다보면
내 얼굴은 꼭 엄마 닮았네
어머니날 가슴에 단 하얀 카네이션
빨간색으로 바꾸고 싶었네
어머니 마음은 나의 마음
나도 어머니 되니 그 마음 꼭 같으네

어머니, 친구들의 살아계신 어머니를 볼 때마다 무척이나 부러워서 집에 돌아와선 펑펑 울었습니다. 열 살 나이에 엄마가

곁에 안 계시다는 것은 하늘이 무너져 내리는 것보다 더 슬프고 땅이 꺼질 때보다도 두려웠습니다. 그런 어린 시절을 보냈습니다.

엄마의 사랑을 받지 못했지만 난 아버지의 따뜻한 정으로 엄마의 빈 자리를 채웠습니다. 엄마 떠나신 후 입 밖으로 어머니 하고 불러보지 못했지만 아직도 마음 한구석에는 엄마가 자리하고 있습니다.

엄마, 하고 불러 보면 얼마나 다정하고 부드러운 소리입니까. 어머니, 하고 다시 부르면 세상 근심과 걱정이 모두 다 사라지고 평안하고 아늑한 품안에 꼭 안겨 있는 듯합니다.

세상에 나를 있게 하고 지금처럼 행복한 가정과 남부럽지 않은 생활할 수 있게 한 이 모든 것이 어머니의 바람으로 이뤄진 것이라 믿고 늘 감사하고 있습니다. 어머니는 안 계셔도 남은 자식들 지켜주시는 마음 생존과 어찌 다를 수 있겠습니까.

어머니, 보고 싶으면 찾아갈 무덤도 없네요. 아주 깨끗하게 한 점 흔적도 없이 가셨지만 멀리 떨어져 계시다 생각하면 살아 계신 듯 마음 든든합니다. 전 오늘 난생 처음으로 이 글을 어머니께 올립니다.

그러나 내가 살아있는 동안 언제까지나 어머니를 잊지 못하는 것은 당신의 딸로 태어난 까닭입니다. 계절이 바뀔 때마다 당신의 사랑을 깨닫습니다. 저는 어머니가 계절처럼 제게 다가오심을 느끼곤 합니다.

이른 봄 내려쬐는
따뜻한 봄볕은
당신의 입김입니다

무더운 여름날
한줄기 시원한 소낙비는
어머니의 사랑입니다

넓은 가을 벌판
밭고랑 사이 푸른 길은
당신의 가슴입니다

매섭게 추운 겨울날
질화로에 따끈한 불꽃은
어머니
당신의 영원한 사랑입니다

친구 경에게

멀리 떨어져 살았지만 언제나 네 생각뿐이었다
잊히지 않는 친구의 이름
오랜 세월이 지났어도 변하지 않는 모습
마음놓고 옛 얘기하며 소리내어 웃어도
가슴이 편한 그리운 친구야
내가 하늘만큼 보고 싶을 땐
너는 바다만큼 그리워했겠지
우리는 서로 닮은 친구
꽃과 나비처럼
다정한 길동무였네

우리는 마음이 잘 맞는 친구였지. 지나 간 여고 시절을, 언제나 조잘거리며 사춘기를 보냈다. 성균관대학 뒷산에 두 갈래로 벌어진 아주 큰 나뭇가지에 매미처럼 붙어서 찍힌 단 한 장의 사진. 이것이 너와 나의 모습이 담긴 유일한 재산으로 남아 있다.

청년기에 서로 갈 길을 찾고 보니 자주 만날 길이 없어 너의 소식이 무척이나 궁금했었지. 고향길 첫 날은 누구보다 널 먼저 만났고 우리는 떨어져 있던 시간만큼 함께 지냈다. 언제나 명동에 자리한 신세계백화점 안에서 도시락을 먹고 찻집으로 쇼핑장으로 쏘다닌 것이 늘 내 마음을 부자로 만들었다.

내게 선물한 빨강색 가방은 장문을 열 때마다 너를 보는 듯 내 마음이 무척 아려온다.

경아!

무량청정 정방심 이 일곱 글자는 내 마음을 바로잡아 주는 격언이다. 없을 무 무게 량 푸를 청 맑은 정 바를 정 방향 방 마음 심은 성덕도를 따르는 공자의 가르침인 것 같다. 즉 마음을 비우라는 뜻으로 내게 가르쳐준 너의 기도문 너는 언제나 예쁘고 당당한 모습으로 예의 바른 아가씨였어. 어른들 앞에 공손히 무릎 꿇고 앉아 절하는 너를 보며 난 많은 것을 배우며 살았다.

어느 해 너를 무척 보고 싶어 찾았으나 만나지 못했구나. 그 후 동생으로부터 소식을 들은 후 나는 어찌해야 좋을지 몰랐다. 용서해라. 그리고 미안하다. 아파하는 너를 보지도 못하고 혼자 보내다니 나는 너의 좋은 친구가 못 되는가 봐. 너를 위해 곁에서 울어 주지도 못하고 아픔을 위로하지도 못한 나를 원망하지 그랬니. 어떤 말로 위로하고 달래볼까. 정말 보고 싶다. 나만 남겨두고 빨리도 떠나가 버렸구나.

모두들 떠난다
너도 나도
모두 두고 떠난다
나도 너도

어디로 가는 걸까
이 많은 사람들이
하루 하루 작은 날을
살아가는 것

저마다 얼굴이 다르듯
서로의 삶이 모두 다른데
무엇을 위해 기다리는 목숨일까
어떻게 사는 것이 진실의 삶일까

때로는 기쁨과 행복으로

떠나가는 사람들을
잊으며 산다

모두들 떠난다
모두 두고 떠난다
모두들 버리며 떠나간다

경아!

사람이 어디서 와서 무엇 하러 왔다가 또 어디로 가는지 많은 생각을 해 보았지만 아직도 대답은 잘 몰라. 누구나 알고 싶은 질문이지만 아무도 모르며 살아간다. 얼마 남지 않은 날 네 곁에 가거든 그때 둘이서 못다 한 이야기보따리 풀어 보자꾸나.

영원한 우정으로

이 세상에 아름다운 마음을 가지고 사는 사람이 얼마나 될까. 자연의 순수함을 있는 그대로 바라보고 느낄 줄 아는 사람, 내 이웃을 내 몸과 같이 사랑하는 사람이 어디 있을까. 남의 밥이 되어라 하신 말씀을 실천하며 사는 사람, 이런 사람을 우리는 만나고 싶은 것이다.

아는 얼굴이라고는 아무도 없는 동네에 여행을 오면 편안히 쉬다가 돌아갈 수 있으면 하는 생각에 서울과 좀 떨어진 고양시에 자리하고 있는 호수공원이 내려다보이는 곳에 작은 오피스텔을 마련했다. 오랜 세월을 떨어져 있어 모든 것이 서툴러 좀 어리둥절했지만 며칠 지나니 버스도 지하철 갈아타기도 조금씩 익숙해져간다.

어느 날 공원을 산보하다가 우연히 지나가는 사람에게 말을 걸었다. 처음 대하는 얼굴이지만 그녀는 심심치 않게 내 물음에 대답해 주었고, 이상한 사람으로 보이지 않은 듯 친절함도 베풀었다. 이것이 나와 그녀와의 첫 만남이며 5년이 지난 지금까지도 서로의 우정이 계속되고 있다.

도착하는 날이면 공항에 마중나와 반갑게 맞아주고 저녁을 지어 놓고 지나간 시간을 이야기하며 첫날을 맞는다. 사람에게 필요한 것들 쌀과 김치, 물과 반찬 등을 준비하여 나를 깜짝 놀라게 하는 것이 한두 번이 아니다. 언제나 내가 가보고 싶은 곳이라면 서슴지 않고 차로 안내해준다. 나보다 서너 살이 어리지만 깍듯이 언니 대접하며 언제나 예의 바르고 공손한 말씨는 상대방에게 기쁨을 주는 마음씨 고운 사람이다.

그녀의 이름처럼 만인에게 이익을 주는 사람, 누구에게서 어려운 사정을 들으면 자기의 모든 것을 서슴지 않고 도와주는 여리고 겁이 많은 친구이다.

그녀가 한 가정의 아내로서 어머니로서 또한 할머니로서 사랑을 아낌없이 내어주는 것을 볼 때마다 나는 그녀가 자랑스럽고 부러울 때가 많다. 이 험한 세상에 가슴에서 우러나오지 않고는 어떻게 사랑과 우정을 베풀며 살 수 있겠는가.

그 친구를 대하면 내가 운이 좋고 인덕이 많은 사람이라고 생각된다. 또한 친구란 내 가까이에서 나를 가장 이해하고 아껴주는 소중한 사람, 형제가 아닌 남이지만 내 가정에 어려운 문제나 누구에게도 말 못하는 속사정을 모두 털어놓고 이야기 나눌 수 있으며 존경과 예의를 더욱 갖추고 대해야만 친구를 오래 지킬 수 있다고 생각했다. 허나 이렇게 복잡하고 점점 힘들게 살아야 하는 세상에 누가 남을 생각해 주고 도와주는 일에 바쁜 시간을 낭비할 수 있겠는가.

나 또한 수더분한 사람이 아니고 남에게 호감을 받을 만한 얼굴이 아니다. 나 자신이 알고 있는 에고이스트다. 약한 모습을 보이지 않는 성격이다. 더구나 남에게 폐를 끼치지도 않거니와 언짢은 소리는 더 듣기 싫어한다. 또 하기 싫은 일은 절대로 하지 못하는 자존심으로만 뭉쳐있는 단점이 많은 여자이다.

이제 나이가 들고 세월이 흘러 늙어가는 내 모습을 보며 조금은 변해야 한다는 것을 가끔 느낄 때도 있다.

'사람은 태어나면서부터 악하다.'는 성악설과 '태어났을 때는 선하게 태어났으나 살아가면서 세상에 적응하느라 악해져 가는 것이다.' 라는 성선설이 있다. 이 말처럼 내가 살아왔던 주위 환경이 나를 그렇게 변화시켰을지도 모른다.

제비도 아닌 내가 친구 따라 강남으로 가고 싶은 시절이다. 많은 친구보다 목숨을 내줄 수 있는 단 한 사람의 친구를 가진 자가 행복한 사람이라고 말한 속담처럼 그런 친구가 되고 싶고 지금 내 옆에 그런 친구가 있어 더욱 행복한 것이다. 진정한 마음으로 서로 이해하고 변하지 않는 우정을 영원히 지켜나가기를 바란다. 칭찬을 아끼지 않는 그녀 때문에 좋은 친구들을 알게 되었고 그녀의 생활에서 많은 것을 배우며 산다.

한국의 사람들은 정이 넘치는 조상의 피를 가진 민족이라는 것도 바다처럼 넓은 해, 꽃같이 예쁜 영, 나만이 부르는 친구의 이름이다.

여판사 루시고

"2008년 3월 20일 목요일 저녁 5시 30분~7시 30분, 산호제 시티홀 로턴다에서 산타클라라 고등법원 판사의 축하연"을 갖게 되었다는 초청장은 간단하게 용건만 알리는 수수하고 단정하게 인쇄된 보통 종이였다.

그날의 축하객은 거의 법조계에 몸을 담고 일하는 사람들이었다. 그녀의 화려한 소개가 끝나자 나타난 판사는 훤칠한 용모에 단발머리를 하고 검은 정장차림을 한 젊은 여성이었다. 맑고 낭랑한 목소리로 인사와 선서를 한 후 법복을 두르고 법모도 씌워졌다. 고등법원 판사의 임명은 2달 전인 1월 20일부터 시작되었다고 한다.

1968년 워싱턴에서 출생한 한인 2세 루시고 판사는 여자이면서도 아시아인이라는 불리한 조건에도 불구하고 산타클라라 법정 판사로 임명되기까지 얼마나 피나는 노력과 인내로 열심히 살았을까. 짧은 이민 역사를 가진 한인 사회에서 그것도 2세 여성이 지식과 부자의 심장인 실리콘 벨리에서 법조계 최고의 자리에 오른 것은 한인 커뮤니티 전체의 영광이었다.

하버드 법대를 졸업하고 변호사로 합격한 후 35세에 스탠포드 법대 정교수로 임명된 유능한 인재인 그녀는 연방상원 법사위원회 여성 관련법 및 공공 서비스 정책 담당과 법무차관 특별 보좌관을 역임했고 연방 법무부 주요사기사건국 L.A.검찰청 검사를 역임했다.

판사가 되기 위해 각 기관과 단체 40여 군데에서 긍정적이고 전폭적인 지지를 얻었고 이런 많은 경험은 판사가 되기에 충분한 자격을 갖추고 있어 많은 이들에게 찬사를 받았다.

그녀는 인구수에 비해 턱없이 부족한 아시아 법조인을 필요로 하는 커뮤니티에 나선 것이다.

하버드대학과 예일 대학에서 석사 학위를 마치고 스탠포드 대학에서 정치학 석사와 박사 학위를 받은 남편은 라틴계 멕시칸이다. 자녀로는 네 살짜리 딸과 두 살 된 아들이 있다. 항상 검소

하고 수더분한 그녀는 판사라는 직업을 의식하지 않는 듯 평범한 성격이다. 위로는 국제변호사 오빠와 언니가 있는 인텔리 가정의 세 번째 딸로 태어났다.

두 아이들을 서울에 남겨두고 남편을 찾아 오클라호마로 오면서 주립대학 정교수와 명예교수로 있었던 때 루시고가 생겨나 부끄러워 배를 가리고 다녔다는 어머니는 그때에 부끄러움을 잊은 듯 마냥 행복한 얼굴이셨다. 자녀들을 잘 키워낸 부모님 중 어머님은 나의 여고 스승님이셨고 아버님은 대학 선배님이시기에 더욱 자랑스럽기만 하다.

두 분 장로님의 깊은 신앙으로 아이들을 성공시켰다고 하는 탁은숙 선생님의 저서 ≪주 너를 지키리≫란 자서전을 읽으면 알 수 있다.

자녀의 성공은 부모의 힘과 정성이 절반이라고 아니할 수 없다. 이곳엔 변호사란 직업을 가진 분들이 많다. 영어를 못 한다는 핑계로 억울한 누명을 쓰게 될 때 말이 통하는 한국 변호사를 찾아 의논한다. 허나 종종 엉뚱하고 마음 아픈 일이 벌어지는 일도 흔히 있다. 옛 말에 "재판을 성사시키려면 온 재산을 다 팔아도 끝이 안 난다."라는 말이 있듯이 그만큼 어려운 일이라는 뜻이다.

재산과 시간을 아끼지 않고 정직과 진실을 밝히고 싶은 이 사회의 억울함 속에서 우리가 믿고 의지하는 변호사님들 부디 같은 동포들을 위해 열심히 일해 주시고 좋은 결과로 승리해 주시기 바라는 마음입니다.

눈길을 걸으며

차갑고 긴 겨울입니다. 이렇게 밤이 깊었는데 나는 작은 책상 위에 촛불을 밝히고 앉아 이 밤을 새웁니다. 창밖엔 바람에 우수수 떨어진 나뭇잎들이 이리저리 뒹굴며 몰려다니고 얼굴 위로 찬 공기가 스쳐갑니다. 창문을 열면 하늘엔 작고 큰 별들이 모였다 흩어졌다 하며 영원한 저 세상에 꼭 파묻혔습니다.

오늘 난 오랜 생각 끝에 당신의 이름을 다시 불러 보며 그동안 아무에게도 보이지 않고 고스란히 간직해 온 속마음 한쪽을 그대에게 전하고 싶어졌습니다.

세월이 강물 따라 흘러갔어도 그대의 얼굴과 모습 그 목소리까지도 잃은 것 하나 없이 내 살갗 속 깊이 문신으로 새겨놓고 이 세상 어느 곳에 살아만 있다면 언젠가는 꼭 만날 수 있다고 믿었습니다. 허나 이제는 어디에도 없는 그대를 가두고 싶지 않습니다. 당신은 영영 잠들어 버린 사람이기에 더 이상 품지 않고 자유롭게 훨훨 떠나보내고 싶기 때문입니다.

둘이 만났던 그해 겨울은 왜 그리도 많은 눈이 내렸는지요. 하얀 눈이 펑펑 쏟아지던 날 기찻길 철둑을 따라 홍릉 임업시험장 안으로 향했습니다. 그곳에 외롭게 살고 있는 언니를 찾아가는 산책길은 눈길을 걷기에도 아주 경치 좋은 곳이었습니다. 오두막집엔 등불이 꺼지고 아무도 없었습니다. 흰 눈이 수북이 쌓인 큰 나무 밑에 당신은 오버를 벗어 깔고 우리는 그 위에 나란히 누워 한참 동안 말없이 나뭇가지 사이로 보이는 조그만 하늘만 물끄러미 쳐다보았습니다. 따뜻하고 아늑한 곳 세상은 조용하고 아름다웠습니다. 모든 것이 나의 것인 양 가슴속엔 별처럼 피어나는 고요한 꿈이 있었지요.

돌아오는 길엔 당신 코트 주머니 속에 손을 넣고 따뜻한 손길을 느꼈습니다. 그렇게 행복했던 단발머리 어린 소녀의 첫사랑을 당신도 느끼셨는지요.

그 후 당신 대학 졸업식 날에도 나의 고등학교 졸업식에도 서로 오가지도 못하고 오랫동안 보지 못했습니다. 어느 날 편지

한 통이 날아왔어요. 충청도 갑사라는 절에서 고등고시 준비를 한다는 반가운 소식이었습니다. 그때부터 나는 당신 집 앞을 오가며 행여나 다시 볼 수 있을까, 마음 졸이며 서성거리기도 하고 집 앞 가까이서 발길을 멈추곤 누가 볼까 두려워 망설이던 때가 많았습니다.

그러던 어느 날 마침내 나는 오랜 시간 몸져눕고 말았지요. 그 후 더 이상 우리는 만날 길이 없었습니다. 이렇게 첫 느낌의 흔적은 영영 지울 수 없는 수많은 세월의 상처로만 남아 있었습니다.

지금 살고 있는 동네는 눈이 내리는 마을이 아니기에 겨울의 참맛을 모른답니다. 그래서 해마다 겨울이 올 때쯤이면 고국을 찾아나서지요. 집 앞 호수공원에서 내리는 흰눈을 함빡 맞으며 어린 날 그 시절을 떠올리며 당신과 함께 걸었던 눈길을 찾아갑니다. 가끔은 소중했던 시간이 아직도 가슴에 자리하고 있기에 아름답고 행복했던 날들로 돌아가고 싶기 때문입니다.

흰눈이 펑펑 쏟아지는 날
내 마음은 복사꽃 피어나네
누구와 더불어 걸어갈까
눈 덮인 오솔길을
백색의 옷으로 갈아입고

둘이서 걸어야 할 여정
아무도 밟지 않은 하얀 길
그대와 함께 걷고 싶네

흰눈이 펄펄 내리는 날
내 가슴엔 사과꽃 피어나네
누구와 더불어 이야기할까
그 아름다운 추억들을
새 하얀 옥양목 치마 덮어씌운 듯
세상은 온통 은빛 들판
걸어온 발자욱 돌아보면
소복이 덮어 버린 내 발자욱

혼자 걷는 발자국 옆엔 당신의 자국도 있었습니다.

하얀 추억

먼 산에는 아직도 잔설이 남아 차가움을 느끼게 하는 봄입니다. 땅 위에나 들판에선 나무들이 서럽다고 눈을 뜨고 연둣빛 새순을 털어냅니다. 봄이어서 꽃들이 피는 것이 아니라 꽃이 피어나기에 봄이라 불러 줍니다.

자연은 제 모습대로 계절에 따라 피고 지고 자기의 의무를 다하지만 사람은 혼자서 사랑도 이별도 마음대로 할 수 없는 가장 연약한 동물인가 봅니다.

우리는 대학 시절에 만났지요. 그때가 인간의 청춘을 시작하는 새로운 봄이라고 생각됩니다. 학업도 사랑도 아낌없이 쏟아내고 가장 아름다운 꿈과 희망 그리고 낭만도 즐길 줄 아는 젊음의 만남이었습니다. 그러나 죽을 만큼 치유받을 수 없는 큰 상처의 아픔을 맛보는 헤어짐의 시간이 될 줄은 차마 몰랐습니다.

돌이켜보면 당신과 나 사이엔 언제나 많은 사람들이 끼어 있었지요. 누구의 잘못도 아닌 어떤 특별한 이유에서라도 끝내 포기하고 만 당신을 원망하고 미워했습니다. 그때는 도저히 용서할 수 없었습니다만 많은 세월과 시간을 지내고보니 자기를 희생하고 나만을 위한 선택이었음을 알게 되었습니다.

때로는 지나간 일들을 못 잊어 꿈속에서도 찾아헤맸지만 이렇게 쉽게 그리움이 점점 내 곁을 떨어져 나갈 수 있는지 몰랐습니다. 우리는 좋은 날들을 같이 보냈습니다. 당신의 배추밭에 하이힐로 송송 구멍내던 일, 영등포 역전에서 모터사이클을 타고 안양 파라다이스 길을 신나게 달리던 그날도, 두 번에 종점에서 버스를 타야만 집으로 돌아오는 먼 길을 주무시지도 않고 딸을 기다리시던 아버지.

이 모든 것이 내게는 지울 수 없는 추억으로 남아 있을 뿐입니다. 먼 훗날 당신의 모습이 그리워지면 그때는 빛바랜 추억으로 남아 있겠지요. 아직도 당신은 그 찻집을 기억하고 계십니까.

황금빛 햇살이
쏟아지는 창가
쟈스민 향기에 취해
홀로 앉아 있는 사람

문득 추억 속의 이름인 듯
행복에 젖은 얼굴을 본다

처음 만났을 때
황홀했던 늦가을 오후

보랏빛 찻잔에
그대의 얼굴을 띄우고
하얀 추억을 마신다

가을 목화밭에
젊은 그이가
웃고 서 있다

언제나 먼저 와서 나를 기다려주던 얼굴. 그대는 내 기억 속에 영원히 살아 있는 사람입니다.

그리움의 햇살

잔잔한 호수 위로 그대의 얼굴을 띄워 봅니다. 바람이 불면 떨어져내리는 나뭇잎에 물결은 흔들리고 당신의 모습도 흩어집니다. 오늘 호수는 하늘의 거울입니다. 떠도는 구름도 스치고 새들도 날아가고 높다란 산과 나무들, 뛰노는 산짐승의 그림자, 숲에서 피고 지는 계절의 꽃들까지도 담겨 있습니다.

한 장의 그림 속에는 지난날의 찬란한 추억도 떠다니고 물 위에 비치는 내 모습도 마냥 행복해 보입니다.

그때 그 시절, 달리는 교외선 기차 안에서, 남산길 다방에서, 텔레비전방송국 촬영장에서 사람들 눈에 띄지 않도록 우리는 조심스럽게 삼 년이란 시간을 만났습니다. 한때는 도봉산을 돌아 백운대 눈길을 차편도 마다하고 추위와 배고픔도 잊은 채, 집까지 걸어온 일 등, 숨막히는 정열 속에 우정과 사랑으로 젊음을 보냈습니다.

어느 연인들이 영화 속의 주인공이 되어 이렇게 아름다운 사랑을 나누다 헤어졌을까요.

당신이 연예인이란 죄목으로 난 곤경에 빠졌습니다. 뭇 팬들의 시달림 속에 눈총과 상처는 연약한 마음으로 감당하기엔 서로가 너무 아팠습니다. 난 오랜 생각 끝에 조용히 당신 곁을 떠나기로 했습니다. 한마디 변명도 못한 채 그날 당신은 눈물을 보였고 무척 힘들어했지요.

내가 먼저 그대 곁을 떠났기에 지금까지도 아무 말하지 못합니다. 하지만 세상에 태어나 단 한 사람만 사랑하고 그 누구보다도 가장 행복한 사람이고 싶었습니다. 나의 일생 끝마치고 돌아간다 해도 진정 후회 없는 사랑, 온 정열 다 바쳐 사랑하고 싶은 그런 사람을 만나고 싶었으니까요. 이젠 이루지 못한 사랑 오로지 꿈으로만 채우렵니다.

그 후 많은 세월을 보내며 지난 일들을 잊은 채 현실에 충실히 살고 있는데, 모든 것을 버리고 고국을 떠나 와 이곳에서 살고 있다는 소식을 들은 나는 무척이나 당황했습니다. 애틀랜타와 샌프란시스코는 멀고도 먼 거리입니다. 다만 같은 하늘 아래 살고 있다는 것만으로도 반가웠습니다.

아직도 기억 속에 남아 있는 것들을 조금씩 꺼내어 가끔 생각할 때마다 아쉬움으로 뒤돌아보는 것은 아름다운 추억으로 간직하고 있다는 증거입니다.

이제 모든 일은 한곳에서 멈추지 않고 달려갑니다. 우리가 겪었던 지난날도 모두가 지나가는 소낙비입니다. 시간도 어김없이 따라 가고 세월도 끊임없이 회전하며 강물도 멈추지 않고 흘러내리니 그리움의 사랑도 점점 떠나겠지요.

인간에게 주어진 시간이 얼마인지는 알 수 없지만 모든 것을 정리할 때가 되었나 봅니다. 이젠 마음도 비우고 몸도 편안하기를 바랍니다. 오래 살고 있다는 느낌마저 드는군요.

찬란한 꿈 버리고 조용히 살고 있는 그대에게 건강하고 평안하기를 서쪽 하늘에서…….

오늘 유난히 궁금하여 이 글을 띄웁니다.

슬픔은 햇살로 다가와
가슴에 내려앉네

잊으려 해도 잊히지 않고
맴돌다 가는 그리움

눈 감은 아픔 사랑으로 그려내는
영원한 무언의 기도

가슴에서 헤어진 자락들 모아
슬픈 하늘에 던지고 싶어

꾸겨진 세월 탓하지 않고
다시 피어 보는
사랑의 향수

추기경님의 선종을 추모하며

옹기란 호는 어머님이 옹기장수를 하며 자신을 키우셨기에 어머니 사랑을 마음 안에 담으려고 따온 이름이라 하셨다.

추기경님의 선종 소식은 한국 방송과 한국일보 초청 장명수 여성 칼럼에서 자세히 들었다. 나도 한때는 천주교 신자였으니 신부님들의 생활이나 수녀님들의 신앙을 존경하고 있었다. 직접 참석하지는 못했으나 그분의 영전 앞에 기도를 드린다.

2009년 2월 16일 저녁 87세의 노령으로 별세하신 추기경님은 8개월 동안 병원에 입원하셨으나 하나님의 부르심을 받으셨다.

추기경님의 세례명은 스테파노. 남자로 태어나 인간은 부족한 사람임을 고민하고 솔직한 눈물의 길을 찾아다니다가 신부가 되기로 마음먹으셨다 했다. 47세 때 추기경에 오르신 후 많은 세파에 시달리기도 했기에 이 땅에 소금과 빛의 사랑을 남기신 분이다.

세상에서 인간의 사랑과 평화의 사도로 살다 가신 큰 어른이신 임을 이제 우리는 다시 만날 수는 없을 것이다. 두 눈마저 기증하고 "고맙다."는 말씀까지 남기셨다. 통장은 텅 비어 있었고 혜화동 방안엔 한 자폐아가 그려 논 추기경님의 초상화가 걸려 있었고 늘 쓰고 다니던 다리 부러진 안경만이 책상 위에 남겨 있을 뿐이었다 한다. 이렇듯 가난하고 청결한 값진 신부 생활은 우리에게 많은 감동의 교훈을 남겨주셨다.

어느 정치가 장례식이 이처럼 많은 서로 다른 종교인들이 모여 애도의 뜻을 표현 할 수 있을까. 또한 온 국민을 다스리는 그의 리더십은 어떤 것이었을까.

선종하신 몸은 유리관에 모시고 5일장으로 치러졌고 40만 명이나 되는 조문객이 줄을 이어 몇 시간씩 기다리다가 잠깐 임의 얼굴을 스쳐갈 뿐이라고 했다. 800여 명이나 참석한 장례식이 끝나고 용인 천주교 묘지에 안장되셨다 한다.

"서로 사랑하고 사랑하라." 용서의 말씀을 남기고 떠나가신 그 분의 사랑의 실천을 우리는 잊지 말고 순종하는 하나님의 충실한 자녀가 되어야 할 것이다.

'서로의 밥이 되어라. 사랑이란 내 자신을 내어주는 것이다.' 하신 추기경님의 가르치심을 가슴에 담는다.

눈 같은 마음으로

겨울 산에 쌓인 하얀 눈이 보고 싶어 경비행기를 타고 넥타호를 향한다. 온통 하얗게 덮인 산맥을 지도처럼 보여주는 조그만 유리창을 통해 보이는 것과 보이지 않는 조화를 모아 새해 첫 달 새로운 삶의 계획을 다짐하며 몬트레이를 거쳐 가는 중이다.

살아갈 날이 살아온 날보다 길지 않으니 남은 인생은 더 행복하고 기쁘게 살아야 마땅하지 않겠는가, 하는 즐거운 마음으로 하루하루를 잘 지내려고 한다.

내려다보이는 세상은 고요하고 조용하다. 커다란 건물들은 성냥갑처럼 잘 정리되어 있다. 차들은 개미처럼 한 줄로 기어간다.

이 순간에도 어느 한쪽에선 서로 헐뜯고 싸우며 전쟁과 배고픔으로 신음하고 있을 거라 생각하니 마음이 찡하니 아파온다. 그럼에도 한편에서는 고운 마음으로 세상을 사랑하며 어떻게든 세상을 지키려는 아름다운 사람들이 있기에 이 세상이 살맛나고 또 희망과 꿈을 잃지 않는다.

이민이란 단어가 포함한 진정한 의미를 전혀 실감하지 못하던 1975년 11월 나의 가족은 산호제란 조용한 마을에 내려졌다. 한국 사람이 드물던 때라 한국 사람으로 보이면 무조건 반갑고 기뻤다.

교회가 5~6개 음식점이라고는 비원이란 단 한 곳뿐 식품점이라고는 작은 공간에 한국 식품을 조금 갖추고 있던 동양식품이 전부였다.

그로부터 얼마가 지났을까? '산호제 한인회'라는 이름을 건 단체가 엘카미노를 중심으로 생겨났다. 그리 많지 않은 사람들이 여기저기 흩어져 살고 있던 때라 처음 이민 온 사람들을 위해 입과 손과 발이 되어 주기로 나선 단체였다. 나도 그 단체의 일원이 되어 주중에는 직장에서 열심히 일하고 주말이면 회관에 가서 필요한 일을 찾아서 거들었다.

어느 해인가 대한민국 해병들이 고된 훈련을 마치고 첫 출항 목적지를 샌프란시스코로 잡고 휘셔맨 항으로 들어온다는 소식이 있었다. 산호제와 샌프란시스코 한인회는 그들을 맞이하기 위해 열심히 준비하였고 뜻 깊은 환영을 할 것을 다짐했다.

고향의 남아들이 도착했을 때 우리는 골든게이트공원에서 불고기와 한국 음식을 마련하여 대접하고 그들이 머무는 동안 부족함이나 불편이 없도록 최선을 다했다. 300명이 넘는 장병과 장교 그들을 맞는 우리들까지 500명이 넘는 대한민국의 잔치였다. 이국땅에서 만나는 우리의 기쁨과 선열들의 피나는 노력을 감사하면서…….

그 후에도 대한민국을 자랑하는 축구선수들이나 한국 대표 선수들이 친선게임으로 원정을 오면 연습하는 동안 밥과 국, 찌개를 함지박에 싣고 밴으로 나르며 선수들의 배고픔을 맡았고 이곳에 먼저 온 선배들의 생활 모습을 보여주기도 했다.

그때 우리는 한국 고전무용을 배워 경기 첫날 퍼레이드를 벌리고 마스게임을 맡아 선수들의 사기를 북돋으며 수많은 관중들에게 한국의 문화를 선보이는 강한 인상을 남겼다.

우리는 고유문화의 정서와 서로의 강한 애국심과 자긍심을 느끼며 이곳에서도 한국인임을 자랑스러워했다.

그때 우리에게 춤을 가르치신 이 선생님을 만나 우리의 의미있는 만남은 시작되었다. 그분의 유학생활도 몹시 힘들던 시절 지금 지휘자가 된 조카를 반듯하게 키워주었고 친정아버님의 두

번 방문길에도 여러 모로 도움을 준, 내게는 정말로 고마운 분이시다. 우리만이 가진 옛정을 어찌 잊을 수 있을까. 언제 어디서 만나도 반갑고 편안하게 대해 주고 더구나 내게는 칭찬을 아끼지 않으시니 늘 고맙고 송구할 따름이다.

오래 전엔 한국인들끼리 서로 헐뜯거나 시기하는 일도 없었고 피와 땀 흘려 모은 돈을 가로채거나 더구나 곗돈이란 이름으로 빼앗는 일은 상상도 못한 일이다. 요즘은 이민도 많고 여행객 유학생 등 숫자가 기하급수적으로 늘어나 교회도 수백 개요, 식품점은 물론 음식점 수도 충분히 많아 영어권에 살면서도 영어가 필요 없는 미국 속에 작은 한국을 이루며 살고 있다.

총이나 칼을 들고 피를 흘려 나라를 위해 싸워야만 애국자인가. 서로 힘든 이곳에서 따끈한 밥 한 끼라도 내 손으로 만들어 같은 민족에게나 이웃에게 대접하고 가족을 두고 온 이들에게 잠자리와 정착할 수 있는 직장을 찾아주는 일, 바로 이러한 일에 누구보다 앞장서서 몸으로 실천하고 베풀어 온 분이 이 선생님이라 생각한다. 자신이 넉넉지 못해도 발 벗고 나서서 도움을 주는 그런 사람이 애국자가 아니겠는가. 아무리 정치가 어떻고 세계화로 달라졌다 해도 우리는 옛날과 옛 사람을 품고 그리운 추억을 가진 정이 많은 한국 사람들이다.

고향 마을 흰눈 덮인 산을 바라보는 마음으로 지금 나는 창가에 앉았다. 낭만이 있고 사랑이 흐르는 곳 우리들의 세상에도 순백이 있다는 것을 잊지 않으며 다시 지상에 발 내리면 그리운 사람들과 행복하게 살아가리라.

25센트의 생명

밖에는 부슬부슬 잔비가 내린다. 바람은 차갑고 몸은 을씨년스럽다. 그러나 켈리포니아의 겨울비는 땅을 흠뻑 적셔주기에 사계절 늘 푸른 나뭇잎을 볼 수 있고 제철도 아닌 꽃들이 곱게 피어 있는 것을 본다.

오늘 반나절 일을 끝내고 집으로 돌아와 보니 창문엔 성에가 뽀얗게 서려있고 찬 공기가 문틈으로 새어 들어온다. 거실을 따듯하게 불을 지펴 놓고 향기로운 한잔의 차를 마시며 신문에서 오려 논 기사들, 친구들의 다정한 편지, 삶의 추억이 담긴 사진들 그리고 살아있는 매일의 생활을 적어 놓은 일기장을 들추어

본다. 이 순간만은 나 혼자만이 가질 수 있는 오붓하고 가장 즐거운 시간이다. 가끔 지나간 것들을 되새겨 보며 나 자신을 찾아보고 삶을 돌이켜보고 생각함은 앞날을 잘 살고자 하는 다짐도 되는 것이다. 묵은 일기장을 펼치던 중 앙금으로 가라앉은 충격적인 그날이 오늘임을 찾았다.

남편은, 부모로부터 받은 나이는 60세가 넘어 노년기에 접어들지만 오늘이 두 번째로 다시 태어난 그는 33세로 하늘이 주신 축복의 날이다.

전화 요금이 25센트. 30여 년이 넘은 얘기다. 그때는 주유소 앞에 어디에나 공중전화통이 달려 있었다. 잔돈을 바꾸어 달라던 손님이 강도로 변했고 남편은 도망가는 한 놈이 쏜 총알이 가슴 한복판에 맞았다. 이곳에선 흔히 있는 일이다.

개인이 총을 살 수 있기에 거의 어느 집에나 남자들이 사냥을 하거나 자기 보호를 위해 경찰이 아니더라도 가지고 다닐 수 있었던 때였다. 담요를 두른 손 밑에서 총질하는 서부활극의 사나이나 혹은 전쟁 때 적군과의 싸움에서나 또는 괴물과의 투쟁에서 신식무기로 살아남는 것을 본 적은 있었다.

그해는 유난히도 존 교황과 레이건 대통령도 한방씩 총을 맞았지만 세 사람 모두 살아난 것이 기적이었다. 사람이 한번 태어나 한순간을 살다가는 것이거늘 이 짧은 시간 속에 너무나 많은 사건들이 벌어진다. 재물과 명예 때문에 전혀 모르는 사람으로부터 소중한 생명을 어처구니없이 잃어버리고 남의 잘못으로 인한 사고로 내가 죽는 경우가 많다.

텔레비전이나 라디오에서 보고 듣는 뉴스는 언제나 좋은 기삿거리는 못 된다. 지금도 교내에서 권총을 휘둘러 수많은 학생과 선생님을 죽였다는 사건과 어린아이 또는 젊은 여학생들이 유괴됐다는 뉴스가 흘러나온다.

한 인간이 평안하고 안락하게 살 수는 없는 것인지. 건강하고 행복하던 생활 속에서도 나이가 들면 모든 자연현상에 따라 육체적으로 쇠약해지고 정신적으로 기억력과 치매가 오는 우리의 삶인데 예기치 않은 사고로 생을 마감할 수밖에 없는 일은 얼마나 가슴 아픈 일인가.

오늘 아이들이 근사한 레스토랑에서 저녁을 대접한다고 한다. 25센트의 생명을 위하여…….

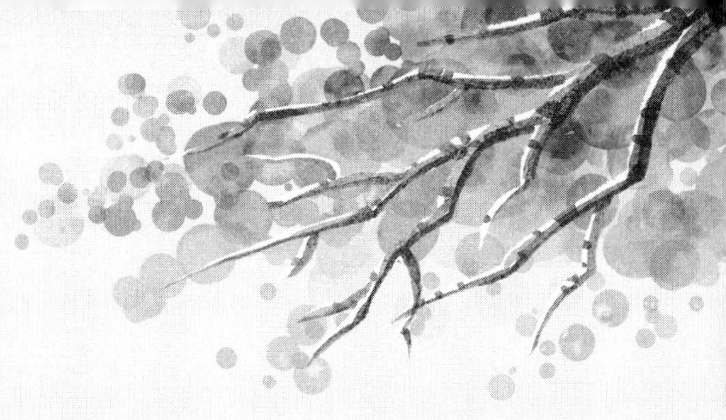

4부

풍경이 있는 여정

한국 나들이

여행이란 목적 없이 홀가분하게 떠나야 하고 아무 미련 없이 뒤돌아보지 않는 것이련만 마음은 막상 솜털같이 가벼우나 몸은 천 근 쇠사슬을 달아 맨 듯 무거운 피곤이 쌓여지는 것이다.

오늘 고국으로 향하는 아시아나 비행기 안에는 언어와 서로 다른 얼굴들이 고향을 간다는 기쁨으로 나란히 묶은 의자에 앉아 235명의 빈 자리 하나 남기지 않고 가득 찼다.

13시간을 좁은 의자에 쭈그리고 앉아 여행을 즐겨야 한다. 어린아이의 울음소리와 안전벨트 착용을 알리는 신호는 잠들 수없게 하고 얌전히 앉아 받아먹는 음식 또한 고역이다. 이런 참을성을 기르지 않으면 여행의 참맛을 느낄 수 없다.

지구를 반 바퀴 돌아서야 보일 듯 말 듯 찍어 논 토끼 한 마리의 반 토막, 북한의 하늘 위를 넘나들지 말라는 변덕에 1시간 더 돌아가야 하는 긴 여행길이다. 어느 나라 하늘 위를 통과할 때 비행기 몸 전체가 크게 요동하면 무섭고 겁이나 마음이 오싹 오므라들기도 한다. 요즘은 이런 저런 이유로 자주 추락하는 비행기 사고로 인해 목적지에 도착할 때까지는 마음을 편안히 내려놓을 수가 없다.

비행 준비를 하고 있는 프로펠러 속으로 새 떼가 들어가 엔진 고장을 일으켜 바다에 착륙한 사건이 있었다. 40여 년의 조종 경험으로 150명의 목숨을 뉴욕 허드슨 강 물 위로 안착시킨 히로인 조종사도 있지만, 보통은 모두 생명을 잃게 되는 사실에 내 목숨을 행운에 빌고 주물주의 뜻에 맡길 뿐이다.

비행기를 발명한 라이트 형제는 한번도 비행기를 타지 않았다 하니 그들 역시 만들어 놓고도 의심을 가진 것이 분명하다. 어쨌든 여행이란 피곤하고 고달픈 일이어도 우리의 삶에 새로운 활력과 용기를 주는 데 의미가 있어 좋은 것이다.

이젠 몸도 마음도 조용히 쉬고 싶어 짐승이 죽을 때가 되면 고향을 찾아가듯 한국을 찾는 사람들이 부쩍 늘었다. 허나 항공료가 너무 비싸서 주춤거릴 때가 많다. 비행기 안에서 서비스 좋은 일등석은 보통석보다 거의 5배나 더 주어야 하고 요사이는 휘발유값이 올라 한 달, 두 달, 석 달과 육 개월의 항공료가 모두 달라졌다. 왕복표를 사면 돌아오는 것은 당연한 사실인데 왜 내 집에서 먹고 자고 하는데 요금이 달라지는지 그 이유가 지금도 나는 도저히 이해되지 않는다. 하기야 배로는 한 달 혹은 두 달 이상 걸리는 먼 길이고 비행기를 타지 않고는 한국을 쉽게 갈 수 없기에, 그렇게 요금을 자주 올리나 보다. 아무 탈 없이 조용히 내려 주는 조종사에게 박수를 보내며 피로에 지친 몸을 끌고 긴 줄에 합류한다.

출국 신고, 가방 찾기 등 큰 짐들이 피대를 타고 올라온다. 세관들의 눈빛이 빛나며 무표정한 얼굴이다. 반가움에 마중나온 사람이 기다린다는 것이 불편하여 때때로 혼자 고속버스를 타고 집으로 향한다. 신발 같은 내 차가 있어 버스를 탈 일이 없었으나 오랜만에 찾아오는 방문길에 차창 밖으로 보이는 한국의 경제와 발전을 느끼고 이 땅에 산과 들을 바라보고 싶어 인천에서 일산으로 향하는 리무진을 탔다. 그동안 이렇게 많은 차들과 사람들이 생겨났음에 놀라며 한국이 해마다 변하는 것이 눈에 뜨이게 알아볼 수 있으나 교통 체중이 심한 것을 볼 때, 앞으로는 땅으로 달리는 자동차를 사용할 것이 아니라 헬리콥터를 타고 다녀야만 될 것 같은 생각이 들었다.

나는 이곳을 다녀 갈 때마다 많은 에피소드를 안고 돌아간다. 친구와 약속한 날 지하철을 타려고 계단을 내려서 방향 표시를 따라가 보니 내가 가는 길은 반대편이었다. 다시 찾아 오르락내리락하다가 약속 시간을 놓쳤던 일, 돌아오는 길에 남대문시장을 들려 필요한 물건을 사서 양쪽 팔에 들고 택시를 기다리는데 내 짐을 보고는 식사 시간이라며 그냥 달아나 버린 택시, 진열된 공중전화 중에 동전을 넣는 통은 하나이고, 나머지 둘은 카드 사용이어서 난감했던 일.

내 쪽에서 꼭 전화를 걸어야만 했던 약속이 공중전화 한 통으로 말미암아 40년 동안 교제한 언니와 영영 연락이 끊긴 것은 자주 바뀐 전화번호와 이사한 주소를 알아낼 수 없는 이유 때문이기도 했다.

교통수단으로는 전철이 제일 빠르다. 한 정거장에 2분~3분이면 족하다. 출퇴근 시간이 지나면 전철 안은 조용하다. 젊은 사람들은 전화기로 사무를 보고 학생들은 음악이나 게임을 한다. 할머니와 어머니들은 큰 목소리로 전화를 받는다. 약속 장소가 먼 거리는 가방 안에 꼭 책을 넣고 지하철 안에서 읽으면 시간이 빨리 지나가 어느덧 내려야 하는 즐거움도 가졌다.

시내 어디를 가나 대형 백화점과 동대문, 남대문시장 같은 곳이 어느 나라에 또 있을까. 무엇이든지 한곳에서 쇼핑할 수 있는 편안함이 있어 사람들에게 기쁨을 선사하기에 주말이면 많은 관광객들이 인사동과 남대문시장으로 모여든다. 서로 돌아가며 한 주씩 문을 닫는 백화점과 토요일과 일요일을 푹 쉬는 은행들도, 또 어딜 가나 술집과 음식점, 찜질방과 노래방, 늦은 나이에도 배울 수 있는 문화센터가 있다.

계절마다 열리는 작품 전시장과 음악회 등 정서적 교육의 바탕이 되는 프로그램을 보며 모든 국민들의 생활 발전을 한눈에 볼 수 있다. 오죽하면 미국은 재미없는 천국이요, 한국은 재미있는 지옥이라는 우스갯말이 있을 정도다.

옛 추억이 마음속에 고스란히 남아 있는 곳. 그리운 사람이, 사랑하는 형제자매와 친구들이 살고 있는 곳. 볼거리도 많고, 가고 싶은 곳도 많은 곳이기에 고향을 떠난 사람들이 찾는다. 허나 눈살을 찌푸릴 정도로 예의 없는 사람들과 부딪치는 일을 종종 당한다. 그나마 손을 툭 치거나 옆을 밀치고 가는 일은 보통이다. 길가 아무데나 침과 가래침을 뱉는 사람들, 건너가는 길에 신호를 참지 못하고 내 발등 가까이 다가와 차가 먼저 가겠다고 운전하는 사람, 어느 곳에서나 담배를 물고 연기를 불어대는 사람들이 너무 많아 아예 입과 코를 막고 다녀야 하는 일들이 알레르기를 가진 나에게는 참을 수 없는 고역이다. 허나 나도 이 많은 사람들 속에 끼어 걸어야만 한다.

이번 여름 여행은 어쩔 수 없는 기회였지만 여름의 맛을 잊어버린 지 오래인 듯싶었다. 더구나 몇 년 만에 찾아온 더위가 찜통에서 갓 찌어낸 듯 온몸을 땀과 물로 뒤집어쓰게 불볕이 내려쪼이는 날이 오래 계속되었다.

나는 이 더위를 이겨낼 자신이 없고 좁은 땅덩어리 안에 사람과 차가 너무 많아 공기가 좋지 않은 이곳을 떠나고 싶었다. 두메산골 산 좋고 물 맑은 곳으로 찾아가는 것이 가장 편안한 휴가를 즐길 수 있는 방법이기에 삼복더위를 잘 지내려고 두 달이란 시간을 보내기 위한 곳을 찾아보기로 마음먹고 계획대로 실행했다.

여름휴가를 잘 보낸 후 집으로 돌아와 나머지 몇 달의 시간을 지내야 한다. 서울 시내로 나가는 버스를 타고 한 바퀴 둘러보았다. 삼일고가도로를 부수고 청계천을 열어 옛 모습을 되찾은 익숙한 다리의 이름. 광화문 한복판에 새로운 광장을 만드는 시민공원과 경복궁 정문을 다시 세우는 공사가 새로운 발전으로 도약하는 대한민국의 국력임을 새삼 느꼈다.

하늘 높이 솟아 오른 빌딩을 목을 젖히고 올려다보니 내가 다니던 회사 건물도 없어진 지 오래인 듯 새로운 건물이 들어앉았다. 동아일보사 꼭대기에 걸려 있는 텔레비전의 대형 스크린을 바라보며 건너편 초원다방 골목길이 정동으로 들어가는 각 나라의 대사관저들이 모여 있었던 곳임을 어렴풋이 생각해냈다.

한국 여행을 하고 돌아온 친구들이 고향을 찾아도 남아 있는 것이 별로 없기에 부풀었던 마음만 안고 돌아왔다는 어리광스러운 말에 나도 동감한다. 옛 것들을 너무 쉽게 허물지 않았으면 하는 마음이지만 이 나라 국민이 아닌 내가 참견할 자격이 없다는 것을 잊고 말았다.

산을 오르며

넓은 차선으로 확 트인 고속도로를 신나게 달리는 버스는 복잡한 거리를 떠나간다. 마른 풀만 남기고 들판은 휑하니 몸을 드러냈다. 가을을 잡으러 떠나는 설악산을 향해 고속버스를 타고 강릉길을 달리는 차창 밖을 내다보며 낯선 고향을 두리번거리는 아이처럼 마음은 마냥 부풀었다. 4차선으로 확 뚫린 고속도로를 신나게 달리는 시외고속버스 안에는 나를 포함한 4명의 승객만을 실었을 뿐이다.

시골길이었던 촌마을에 빽빽이 들어선 높다란 아파트 단지를 보며 내가 떠난 후 엄청나게 변화한 지금의 한국을 보며 너무나 달라졌음을 실감하는 나는 이방인이 되어 다시 찾아왔다.

삼등기차로만 늦걸음치던 시골길 화단에 뽀얀 먼지 뒤집어쓴 코스모스가 가을을 알리고, 윗마을 장터에 다녀오는 듯 머리 위에 무거운 봇짐을 이고 걸어가는 아낙네의 뒤를 가벼이 따라 가던 고추잠자리, 깨진 오지항아리 굴뚝에서 모락모락 피어오르던 저녁연기도 보이지 않고 이따금 머무는 정거장에 역장 아저씨가 꾸벅꾸벅 졸다 두 주먹으로 눈을 비벼대며 잠을 쫓던 모습은 이젠 옛 이야기로만 남은 정겨운 풍경이 되어 버렸다.

설악산 정문 가까이에 있는 깨끗한 모텔을 얻어 며칠 묵기로 하고 짐을 풀었다. 이른 아침에 맑은 공기를 마시려고 문 앞에 이르니 입장료도 받지 않고 들어가란다. 늦은 가을이라 단풍은 거의 사그라졌고 관광객들은 남쪽으로 내려간 듯 북적대지 않아 더욱 좋았다. 돌 틈사이로 조용히 흐르는 물길을 따라 초겨울 바람으로 귀를 씻고 벗은 나뭇가지 사이로 따가운 햇살을 맞으며 사람들의 뒤를 따라 울산바위 초행길에 올랐다. 두어 시간쯤 걸으니 땀으로 뒤범벅이 된 모자와 목도리를 벗어젖히고 깊숙이 가을 산에 빠져들었다.

설악산은 가장 아름답고 신기하고 아기자기함이 배어 있는 고귀한 산이다. 어서 빨리 따라 오라고 보채는 사람도 없고 쉬엄쉬엄 넓은 바위 위에 걸터앉아 땀을 식히며 두 다리에 피곤을 덜며

천천히 혼자서 오르는 이 산행길이 낯설지 않은 듯 편안하고 즐겁기만 했다.

십여 년 전에 아이들이 모국 방문 프로그램에 참가하여 다녀간 후 지금 설악산은 더 울창하고 장엄한 자태로 반가이 나를 맞이하는 듯했다. 처음 올라온 선녀바위와 흔들바위를 지나 울산바위를 돌아본 후, 내려오는 길에 막걸리 한잔과 해물 빈대떡을 먹으면서 바다 건너 친구에게 전화를 하니 세월 좋은 여인이라며 무척 부러워하는 눈치다.

나는 늘 혼자서 여행하는 것을 좋아한다. 누구에게도 간섭 받지 않고 조용히 생각하는 시간을 가질 수 있어 더욱 기쁘기 때문이다. 산을 좋아하는 사람은 마음이 맑고 이해심이 많은 사람이라 했다.

산은 사계절의 변화가 있어 풍성한 지혜를 사람들에게 안겨준다. 조물주의 신비로움을 산에 오르면 찾을 수 있다. 또 세상의 근심과 걱정을 버리고 싶어진다.

산을 오른다
길은 언제나 숲속에 숨어 있다
구불구불 휘어진 산모퉁이를 돌면
또 다른 길이 이어지고
발길을 모으는 갈림길이 나온다

어느 길로 갈까
사람들은 길고 좁은 능선을 오르며
삶의 길을 찾는다

얼마나 많은 사람들이
숨 막히는 하루를 잊고
세상의 고통을 털고 갔을까

산은 날마다
새로운 모습으로 태어나
하늘만 바라보며 산다

산은
내게
모든 걸 버리고
살아가라 한다

산길을 내려오는
나는 산이 되어서 온다

야생화 꽃밭입니다

경기도 고양시 일산구 장항동이란 마을은 신도시로 한국을 대표할 만큼 아주 아름다운 호수공원이 자리하고 있다. 걸어서 호수를 끼고 한 바퀴를 돌면 한 시간이 조금 더 걸릴 듯하다. 이 공원을 사계절 멋진 모습들로 장식하는 나무들은 사람들의 마음을 유혹하는 것이다.

봄이면 벚꽃들이 가지마다 흐드러지고 5~6월이면 장미 축제로 온 마을을 향기로 덮는다. 이름 모를 야생화를 화단 가득 채운 꽃 전시회가 해마다 열리는 고장이다. 떨어지는 나뭇잎을 밟으며 걸어가는 가로수 길은 밤이면 더욱 오색빛으로 찬란하다.

나뭇잎 무게만큼 내려 쌓인 가지 위에 눈꽃은 열두 폭 병풍을 두른 듯 한 폭의 그림과 같다.

나는 오늘 연못 가득 메운 수련이 한창 어울리는 칠월의 정오, 볏짚으로 엮어진 정자마루에 올라앉아 올해의 계획으로 세워 논 원고 뭉치를 정리하면서 오가는 사람들을 유심히 본다. 자기의 몸을 사랑하며 건강한 마음을 가지려는 이 마을 사람들을 보는 나는 무척 부러웠다. 주말 저녁이면 시원하게 뿜어 올리는 노래하는 분수 앞에 돗자리 깔아 놓고 온 가족이 둘러 앉아 단란한 저녁식사와 즐거움으로 하루를 마무리하는 가정생활의 풍성함을 느낄 수 있기 때문이다.

자연과 인간의 힘으로 이루어낸 대한민국에서 가장 큰 공원 안에는 돌 비석에 적어 놓은 시편들을 읽을 수 있었고 유명 공예가의 작품들이 여기저기 눈에 띄기도 했다. 이곳 시민들에게 생활의 기쁨을 선사하고 신선한 공기와 잠깐 쉬어 갈 자리를 마련해 준 사람에게 나 또한 고마움을 느낀다.

덕수궁 돌담길이나 장충단공원길도 아닌 이 넓은 뜰 안에서 한참 사랑하고픈 청춘 남녀들이 데이트 장소로 모이는 마을 안에는 옛 손길을 더듬어볼 수 없는 현대 문명이 살아 있는 것을 알 수 있었다. 가끔 언어와 색이 다른 얼굴이 보인다. 메타세쿼이아 나무가 줄지어 서 있는 흙밭길을 걸으면서 통나무 담벽에 붙여 논 도시의 전경을 담은 사진전을 꼼꼼히 살펴본다. 4,800만 명이나 되는 국민이 한번쯤은 놀다 간 이곳을 이방인이 되어 버린 나 또한 다녀간다는 것은 운 좋은 사람이 아닐 수 없다.

돌층계를 가득 매운 호수공원 안에서 열리는 석양 음악회에서 붉게 물든 서쪽 하늘에 퍼지는 대금 소리에 나는 한껏 마음을 빼앗기고 말았다.

한림 수목원

친구의 배려로 제주 비행장에서 얼마 떨어지지 않은 시내에 오피스텔을 빌려 주어 이 주일 동안 머무를 수 있게 되었다. 시내에는 박물관 외에 별로 더위를 피할 곳이 없어 버스나 택시를 타고 가야만 한다. 차창 밖으로 보이는 관광지 팻말을 꼼꼼히 보아 둔 덕분에 오늘은 일찍부터 서둘러 한림 수목원을 찾아가 보고 싶었다.

눈짐작으로 먼 곳은 아닌 것 같아 걸어 보았으나 할 수 없이 버스를 기다리다 택시를 잡아탔다. 입구에서 내려달라 하고 정문까지 걸었다. 양쪽으로 늘어선 가로수가 하늘 높이 드리워져 있었고 여름 한철 울어대는 매미소리의 합창은 시원하게 여름을 씻어 주는 듯했다.

33도의 무더운 날씨를 피해 온 수목원은 숲으로 우거진 너무 아늑하고 조용한 언덕이었다. 정문 앞에 붙은 안내문은 정상으로 오르는 길이 여러 갈래로 나뉘어져 있었다. 나는 사람들 뒤를 따라 올랐다. 숲속은 화목이 아닌 아름드리 소나무들로 울창하게 어우러져 있었다. 운치 있게 뻗어난 높은 가지 위로 솔잎 향기가 흔들려 세상에 잡념을 잊게 해 준다. 가끔 쉬어 가라 만들어 논 나무의자에 앉아 물 한 모금 마시며 숨을 돌린다. 1시간 가까이 오르니 땀으로 범벅이 된 온몸을 바람이 시원하게 씻어 준다. 정상에 올라 정자나무에 걸터앉았다. 이곳을 잘 왔다는 기쁨으로 기분이 몹시 상쾌했다. 청명한 새소리와 바람의 멜로디는 어느 교향악단이 숲속의 왈츠를 연주하듯 내 귀에 황홀하게 들렸다.

내려오는 길은 연꽃이 한참 입을 벌린 연못가에서 흙탕물속에서 피어나는 꽃들과 이야기를 나누며 잠자리 떼 몰려나는 꽃밭길을 나비채를 들고 뛰어다니는 천진스런 시골 아이들의 재롱을 뒤로 하며 나는 아쉬운 듯 큰문을 빠져나왔다.

시내와 조금 떨어진 곳에 조용히 자리하고 있는 수목원은 제주에 많은 시민들에게 휴식과 건강을 주는 곳이다. 바람 많고 돌 많고 여자 많은 곳에, 또한 물 맑은 자연 속에 살고 있는 제주 시민들이 몹시 부러웠다.

40여 년의 전통을 자랑하는 비원 닭백숙을 점심으로 맛있게 먹으며 모처럼 중복을 제대로 지키는 휴가를 지낼 수 있었다.

어리목과 영실등산길

초복이 며칠 지난 중부와 남부 지방은 계속되는 장맛비로 인해 많은 피해를 입었고, 남한 지대 곳곳에서는 산이 무너져 내려 집이 가라앉고 사람의 생명도 잃었다. 땀 흘려 심은 벼 모종과 비닐하우스가 물에 잠기고 날아가버리는 등 농민들의 마음은 무너져내려 삶의 희망마저 잃고 말았다. 한강 다리도 위험선까지 물이 차올라 찻길도 통제되고 비바람과 폭풍으로 정전이 되는 등 한국은 온통 아수라장으로 변했다.

나는 마침 장마를 피해 도망쳐 나오듯 스케줄에 따라 제주도에 있었다. 이곳도 서울과 다름없이 30도 33도를 웃도는 기온이다. 하루에도 지나는 마을마다 비가 오고 바람이 세게 불고 햇빛도 따갑게 내리쪼이는 등 변동이 심한 날씨를 보인다.

십여 년 전에 관광버스를 타고 제주를 한 바퀴 둘러보았으나 이번엔 한 달이란 여유 있는 기회를 이용하여 웅장한 바다와 장엄한 산속에서 더위를 잊고자 피서를 오게 된 것이다. 이틀 동안 택시를 대절하여 제주시와 서귀포시에 있는 유명 관광지를 거의 모두 구경하고 한라산만 빼놓았다. 한라산은 백록담까지 올라가 본 적이 있으나 오랜 세월이 지나서 이제는 몸과 마음이 굳어져 자신이 없었다. 그래서 우선 4시간의 코스인 어리목길을 돌아 영실로 돌아서 내려오기로 마음먹었다.

시외버스는 한 시간 동안 구불구불 산길을 달리더니 목적지에 도달했다. 차에서 내려서도 산 입구까지 2.5km를 더 걸어야만 했다. 길은 옛날과 달리 편편하게 잘 다듬어져 있었고 휴게소에도 음식을 팔고 있었다. 산길 초입부터 안개가 뿌옇게 서려 있었다. 이슬비가 뿌리기 시작하더니 온몸이 시원하게 젖어 온다.

나무 위에 맺혔던 빗방울이 모여 바위 속을 뚫고 요란한 소리를 내며 냇물로 흐르고 있었다. 편편하게 돌을 깔고 나무로 계단을 펴서 만든 층계와 밧줄로 엮은 줄을 잡고 한참을 올랐으나 정상은 눈앞에 나타나 보이지 않는다. 이곳의 높이는 17,000고지, 2,000여 종의 희귀한 식물과 나무, 이름 모를 야생화가 피고 있었고 5,000여 종의 동물과 곤충류가 숨어 살고 있다 했다. 물에 젖은 바윗길을 오르내리며 사제비와 만수동산을 지나니 다리의 힘이 점점 빠지고 후들거리며 아파오기 시작했다. 중간 중간 쉬었다 가라는 나무로 만든 의자에 앉아 숨을 돌려 보았지만 내려갈 길이 막막하다.

나무 있으면 산이고 물이 있으면 바다이지 내가 여기까지 와서 왜 이 고생을 하나 하는 생각마저 들었다. 운 좋은 사람은 잠깐 동안 안개가 걷혀 눈으로 장엄한 경치를 볼 수 있으나 여름날엔 비로 인해 볼 수 없는 것이 당연하단다. 한라산의 봄은 아름답고 예쁜 꽃으로 덮여 있고, 여름은 짙푸른 나뭇잎들이 초록빛으로 뽐내고 있어 더욱 시원함을 느끼게 하며, 가을에는 단풍으로 온 산을 수놓은 듯 알록달록 한 폭의 수채화를 그려 놓은 듯 하고 눈에 둘러싸인 겨울산의 경치는 장관을 이룬다 한다.

유네스코에 보물로 선정된 오름길이 제주에는 많이 모여 있다. 유난히 무더운 올 여름 제주에는 많은 관광객들이 찾아올 것이라 하여 비행기도 300개 이상 노선을 더 열었다 한다.

이번 한라산 구경은 돌길을 밟아 본 것으로 만족해야만 했다. 나는 내려오면서 사 온 김밥과 오렌지를 까먹었다. 비에 젖은 길은 미끄러웠다. 등산화를 신고 조심스럽게 걸었으나 자칫 잘못하여 무릎을 깨고 말았다. 마음은 가벼웠으나 몸은 상처만 만들어 가지고 돌아왔다. 정거장을 내려오니 버스는 조금 전에 떠나갔고 1시간 반을 더 기다려야 했다. 지나가는 자가용을 세워 시내버스 정류장까지 부탁했다. 마음씨 고운 젊은 부부가 모처럼 한라산 한 바퀴를 드라이브 나섰다며 내게 베풀어준 친절을 나는 절대로 잊지 못할 것이다.

잊혀져 가는 것들

올해는 더위가 유난히도 일찍 찾아와 서울에 유월의 한낮을 35~6도를 오르는 불볕이 내려쬐고 있다. 지구가 생긴 후 인간이 만들어 논 여러 가지 새로운 발명으로 인해 나라마다 서로 다른 변화를 가져오고 있다. 그러나 지구 온난화 현상과 자연계가 파손되는 오염으로 지구는 점점 무거워져가고 심각한 상태에 빠져 있다는 것을 우리는 너무나도 잘 알고 있다.

나 또한 공기로 생기는 목감기와 살갗 알레르기로 사람이 많이 모인 곳은 피하게 되고 담배 연기 또는 에어컨이나 선풍기 바람까지도 나를 괴롭히는 것이다.

더위를 떨치려고 집 앞 가까이 있는 언덕보다 높은 산을 오르기 위해 아침부터 부산을 떨었다. 높다란 나뭇가지 잎새 사이로 살랑거리는 바람으로 땀을 씻으며 유월의 한여름을 평심루 누각에서서 고양시 마을을 한눈에 내려다본다.

서울역에서 외각을 돌아 교외선 기차로 달리던 의정부와 원당이 훤히 보일 듯한 정발산 산마루에 오후 햇살은 찬란하리만치 눈이 부시다.

짙은 초록빛으로 자라난 풀잎 사이 까치소리가 더욱 반기는 곳에 앉아 아무렇게나 싸 가지고 온 샌드위치와 바나나 우유를 마시면서 지금은 엄청나게 변해버린 어린 시절 언덕배기 작은 동산을 떠올리며 오랫동안 만날 수 없는 옛 친구들을 잠시나마 생각했다.

이제는 칠십을 바라보는 아이들 그동안 얼마나 변했을까. 또 몇 명이나 살아 있을까. 아직도 어릴 적 얼굴만 떠오른다. 어린 나이에 시집간 동무가 더욱 보고 싶다. 모두들 떠난 고향 마을에 흔적이라곤 아무것도 찾을 수 없었고 다만 아이들 가슴속에 추억만이 영원히 남아 있기를 바랄 뿐이다.

높다란 미루나무 위에 걸려있는 까치집, 나뭇가지 사이에서 여름을 시원스럽게 알리는 매미의 울음소리도, 밤이면 논두렁이나 연못가에서 쉬지 않고 열심히 목청 돋우는 개구리들의 구성진 열창이 뜨거운 여름을 한껏 느끼게 하는 칠월에 빠져 있었다.

뻐꾹새 소리를 따라 내려오는 길은 험한 숲속 길을 헤치고 약수터를 지나니, 새로 지어 놓은 건물 뒤에 아담한 공원과 꽃밭 사이로 시원한 물줄기를 내뿜어대는 분수가 있었다. 나무의자에 한가로이 낮잠을 자는 젊은 부부와 조잘거리는 아이들 이야깃소리를 뒤로한 채, 그늘진 높은 빌딩 숲 사이로 변해 가는 오늘을 쏘아 보며 유럽 어느 나라에 여행을 온 듯한 복고풍 거리를 생각 없이 걸어가고 있었다.

홍도와 흑산도

가까운 친구 네 명이 함께 홍도와 흑산도를 다녀오기로 결정했다. 말로만 듣던 붉은 섬과 검은 섬이라니. 큰마음 먹고 다녀올 기회를 가진 것이다. 날씨를 잘못 택해 비바람이 불거나 폭풍을 만나면 그곳에 며칠 동안 갇혀 있는 일이 허다하다 한다. 들뜬 마음으로 서울역에서 KTX를 타고 목포로 내려가 점심을 먹은 후 여행사 안내로 배를 탔다.

200여 명의 손님을 실은 배는 잔잔한 바다 물살을 헤치고 시원한 물방울을 튕기며 달린다. 점심을 먹은 지 한 시간쯤 지났을까. 배는 크게 흔들리기 시작하더니 모두들 구역질을 하는 것이 아니겠는가. 눈치 빠른 한 남자가 비닐 주머니를 나눠주며 오물을 받으라 한다.

관광객들에게 미리 주의사항도 준비물도 알리지 않았다. 심한 복통으로 토하고 지쳐 몸을 가누지 못하고 바닥으로 쓰러진 사람도 많았다. 친구는 아예 내 다리를 꼭 붙잡고 놓질 않는다. 나는 속이 부대끼지는 않았지만 오물 냄새가 역겨워 밖으로 나가 시원한 바람을 맞으니 좀 살 것 같았다. 출렁이는 배는 망망한 바다 위에서 폭풍을 헤쳐 가는 아주 작은 나뭇잎처럼 떠다녔다. 거의 3시간 가까이 요동하더니 목적지에 당도했다. 내려서 둘러보니 홍도는 많은 사람이 모이기에는 무척이나 작은 마을이었다.

우리는 큰방 하나를 배급받고 몇 시간 휴식을 취한 후 저녁노을을 구경하려고 낮은 산으로 올라가 떨어지는 해를 배웅하고 돌아와 저녁밥도 잊은 채 그냥 잠들고 말았다. 얼마나 지났을까. 방문 밖에서 술 취한 남자의 떠드는 목소리가 들린다.

누군가에게 주정을 하는 것이 귀에 거슬려 잠이 오지 않는다. 일어나 그에게 주의를 주고 들어왔는데 다시 더 큰소리로 빈정대는 것이다. 그 다음날 아침을 먹으려 식당으로 들어서니 어제 술 취한 그 남자가 반찬을 나르고 있는 것이 아니겠는가.

맑고 신선한 바람을 맞으며 홍도를 구경하는 동안 사람들 입에선 조물주의 위대한 섭리를 찬양하는 놀라운 표정과 흐뭇한 기쁨이 얼굴 가득히 담겨 있었다.

아기자기한 풍경과 동굴을 보니 붉은 색깔을 띠고 있는 것을 찾아볼 수 있었다. 홍도가 생겨난 후 비와 바람과 물로 깎여 온 조각상들과 신비하게 뚫어 놓은 듯한 바위 속엔 인간에게 필요한 모든 것들이 숨어져 있는 듯 느껴졌다.

배 안에서 요리한 싱싱한 회로 점심을 먹고 배는 다시 흑산도로 달렸다. 택시를 잡아타고 흑산도 아가씨 노래가 담긴 비석공원을 돌아 아름다운 풍경을 한눈에 담았다. 돌아오는 길에 목포의 눈물어린 유달산을 돌아보면서 시 낭송과 노래를 섞어 가며 설명하는 운전기사의 익살스러움에 우리는 즐거운 마음으로 구경할 수 있었다.

기차 시간보다 일찍 돌아온 우리는 정거장 의자에 앉아 기다린다. 많은 사람들이 기다리는 기차 정류장. 그 틈을 이용하여 젊은 아가씨에게 시비를 거는 술 취한 또 한 사람을 경비원을 불러 밖으로 내보내게 한 후 다시는 오고 싶지 않은 목포역을 떠나왔다.

이번 여행은 들떴던 내 생각보다 훨씬 못 미치는 떨떨함을 느끼게 했다. 관광지를 어찌 술 취한 사람이 더럽히는가.

종로3가역

옛 임금님이 살던 궁전이 국민들에게 개방되었다는 소식을 듣고 시내 관광버스를 타고 돌다가 창덕궁 안으로 들어가 본 적이 있었다. 사극에서나 볼 수 있었던 곳을 샅샅이 눈여겨보면서 조선 왕국 임금님이 대대로 이곳에서 살았다는 한 설명자의 말을 들었다. 나는 넓은 뜰 안을 궁녀들 무리에 휩싸여 놀던 어린 왕자들과 궁 안에서 일어났던 많은 왕비들의 시새움을 생각하며 지나 간 역사를 돌아보았다.

이제 이씨 왕국이 맥없이 끝나버린 지금 후손들에게 보이는 것은 이 나라의 역사와 왕실의 궁금증을 풀어주는 것이다. 보일 수 있는 정도만 열어 놓고 아직 곳곳마다 구경할 수는 없었지만 그 시대를 살던 사람처럼 조금은 마음에 새길 수 있었던 것이 좋았다.

창경원은 밤 벚꽃 구경을 갔었던 옛일이 어렴풋이 떠오른다. 다시 보고 싶어 한국으로 이사 온 친구와 고궁을 돌아보기로 약속했던 날이다.

동물원이었던 곳은 아름드리나무 위로 다람쥐만 기어오르고 식물원은 여전히 하얀 빈 집만을 지키고 서 있을 뿐, 그 앞 넓은 광장은 푸른 잔디로 덮여 여기 저기 작은 꽃들이 살고 있었다. 바짝 마른 연못 안은 파랗게 이끼만 끼었고 늘어진 나뭇가지가 돌담을 가리고 있을 뿐이다. 아무도 돌보는 사람이 없는 듯 조용하다.

관광 온 몇 사람만이 정원을 서성일 뿐 한가롭고 적막하기 그지없었다. 열려 있는 뒷문을 통하니 바로 종묘로 나오는 길이 열렸다. 처음 오는 곳이라 새로웠다. 무엇을 하던 곳이며 어느 때 왕을 모신 곳인가 열심히 살피고 있는데 일본 관광객이 무리지어 들어와 많은 관심을 보인다. 영상으로 설명하는 종묘의 제사를 보았다.

다음 기회에 이곳을 다시 찾으면 전주이씨 종친회가 제사를 모시는 것도 볼 수 있는 기회가 주어질 거란다. 정문을 걸어 나오니 파고다 공원과 종로3가가 접해 있는 곳이었다.

어느 분 동상인지 많은 노인들이 계단을 막고 줄지어 앉아 있기에 뚫고 들어가 보지도 못하고 나오는데 점심시간이 가까워 오자 깨끗하게 차려 입은 남자 어르신들이 점점 많아져 거의 백여 명이 넘는 것 같았다. 그때가 한참 국회의원 선거 때라 저마다 선거운동을 하는 중이라 여겼으나 이상해서 그 중 한 분에게 물었다.

"아저씨 오늘 여기서 무슨 모임이라도 있어요?" 하니 그 분 말이 가관이다. "이곳에 오는 사람은 집도 있고 돈도 있어요. 여자만 없으면 안 옵니다." 우리는 무슨 말을 하는지 몰라 멍하니 두 얼굴이 마주쳤다. 나는 또다시 물었다. "그러면 부인들은 없나요. 있어도 상관없어요." 하는 것이다. 우리는 그때야 조금 알아들은 듯 놀라 걸어 나오는데 여자들이 가끔 눈에 띄었다.

우리들도 그런 사람으로 취급당할까 두려워 도망치듯 빠져나왔다. 둘이는 조용한 곳에서 점심을 먹으며 한참 동안 어이가 없어 말을 잇지 못하고 한국엔 이런 곳도 있구나 하고 웃어 버렸다. 임금님이 살던 궁 가까이 또 선열들의 애국심이 아직도 서려 있는 파고다공원 안에서 외로운 노인들을 위해 점심 식사와 그들의 고통을 덜어 주는 봉사 프로그램이 있다는 소식은 들었지만 그런 모임의 장소로 쓰이고 있다는 말에 우리는 관광객 입장에서 너무나 슬프고 어이가 없었다.

그 후 미국에서 한국 신문에 종로3가역 노인들의 성 해방구, 노인 대상 성매매 기승, 중년 여성도 북적인다, 이제는 외국 여성도 있다. 종로 3가 뒷골목에 '여관방은 대만원이다.'라고 자세하게 기록된 것을 보았다. 진작 그 보도를 읽어 보고 떠났더라면 창피하지 않았을 것을. 그 기자는 나보다 한 걸음 늦은 것이다.

꽃들의 고향은

저녁 무렵 조약돌이 깔린 뜰에서 잡초를 뽑으며 정원을 손질한다. 햇볕이 비킨 늦여름날의 오후는 선선하리만치 시원한 바람이 스친다. 바쁘게 보내려는 하루의 일과를 핑계로 손바닥만 한 뒤뜰에 단호박과 고추 깻잎을 심어 놓고 가끔씩 따 먹는 재미로 한 차례씩 물을 주며 얼마큼 자랐나 하고 들여다보는 것에 즐거움이 있었다.

하루 종일 혼자 집을 지키며 생활에 지루함을 느끼는 나는 누구와 말을 섞을 사람이 없어 종일 음악을 듣거나 텔레비전을 보거나 입이 궁금하면 전깃줄에 앉아 노는 새들이나 집안으로 들어오는 개미 새끼들한테까지 말을 붙여 보는 것이다. 가끔 집을 떠나 여행을 즐기는 탓에 꽃나무들을 팽개치고 돌아오면 내게 대모라도 하듯 반항하는 모습들이다. 그래서 오늘은 뜰을 둘러싼 잡풀을 뽑으려고 나섰다. 한참을 가려내려고 손을 놀리는데 가늘게 뻗어난 줄기에 나란히 나팔을 메고 옆으로 몸을 감고 올라가는 나팔꽃 나무를 발견했다. 나무라고는 부를 수 없는 연하고 가느다란 끈이 꼬인 듯 누워 있었다. 거의 뿌리를 드러낸 듯하여 흙으로 덮어 주고 버팀이 될 수 있도록 곧은 작대기를 꽂아 주었다. 어떻게 이곳을 찾아와 피어날 수 있었을까. 가끔 새들이 씨앗을 물고 오기도 하고 다람쥐들이 화분 속에다 땅콩 껍데기를 감추기도 하지만 나팔꽃은 이 고장에서 흔히 볼 수 있는 꽃나무가 아니다.

바람에 날려 오는 민들레 털도 아니고 가볍게 떨어지는 장미 꽃잎도 아닌 까만 씨알 하나가 내 뜰에 들어 온 것이 대견스럽고 무척이나 반가웠다. 올해도 씨앗을 영글게 맺어 내년에 또 다시 피어날 수 있기를 바라는 마음이 간절하다.

어스름 해질 무렵
나긋이 기지개를 펴는 넝쿨

어릴 적 노랑 저고리 끝동에 달린
진분홍 나팔꽃이

발등에 감겨 와 발을 잡는데
괜시리 콧등이 시큰해 온다

연연한 바람에 날아온
홀씨 한 알

그 흙 속엔 어머니의 사랑이
그리움의 우정이
듬뿍 숨겨져 있었다

언제인가 고향으로
돌아갈 꽃들은
지금쯤 어드매서 피고 있는가

보이는 것과 생각하는 것은 항상 고향과 연결되어진다. 나 역시 거부하지 못함은 그곳에서 자랐고 거기를 떠나왔기 때문이다. 지나가버린 모든 것은 시간이 지나면 또한 그리워지는 것이려니.

떠나고 싶었던 배 여행

몇 년 전만 해도 환갑을 맞이하는 해는 인간의 마지막 생일을 장식하는 뜻이 있었다. 물론 그 이상 살아 있는 것은 덤으로 사는 목숨이어서 매일 매일 조심스럽게 행동하고 말과 언어가 남에게 폐가 되지 않도록 노력과 성심을 다하며 살아가는 것이 사람의 도리라 하였다.

지칠 줄 모르고 오랜 시간과 기나 긴 세월을 즐기면서 일하는 그를 보며 마음속으로만 감사하고 고마워하고 있을 무렵 아직도 내가 살아 있음을 알리고 싶다고 그동안 잠잠하던 입을 열었다. 나는 아무 덧말도 붙이지 않고 그의 작은 바람을 두

아들 내외와 의논한 후 들어주었다.

나는 그와는 달리 편안하고 즐거운 배 여행으로 지구를 한 바퀴 돌아보고 싶은 것이 내 작은 꿈이었다.

한 달이란 여유 있는 시간을 얻어 여러 나라를 둘러보고 나의 존재가 어떤 의미로운 가치가 있는 것인가를 깨닫게 하는 좋은 시간을 가질 수 있는 첫 배 여행길의 마음은 벌써 들떠 있었다.

3,000명이나 태울 수 있는 궁전 같은 호화스러운 유람선은 부족한 것 하나 없이 갖추어져 있었고 무거운 짐을 매일 옮기지 않아도 되며 매일 밤 똑같은 방에서 편히 잠잘 수 있다는 것이 더욱 좋았다.

배는 우리가 잠자는 밤에 이동한다. 폭 넓은 대서양을 한잎 낙엽으로 떠도는 바다를 내다보며 조물주의 신비함에 다시 한번 깨달음이 컸다.

세계 각 나라 사람들을 함께 실은 배가 아침에 깨어나면 벌써 다른 항에 도착했고 여행객이 구경할 수 있는 그 나라마다 서로 다른 국가의 상징과 역사를 한눈에 볼 수 있었다. 낮 동안 관람을 마치고 돌아오면 사람들 모두가 좋아하는 음식과 과일이 배가 부르도록 기다리고 있었고, 먹는 자유와 시간은 언제나 열려 있었다. 저녁 후에 즐길 수 있는 쇼프로그램과 놀음장 미술 전시장과 쇼핑장 늦은 밤 지쿠지와 수영장 등 모두가 한자리에서 즐기고 선장이 베푸는 와인 파티와 야외복으로 화려하게 차려 입은 댄싱 파티는 인생이란 재미있는 것임을 모든 이의 행복해하는 얼굴에서 느낄 수 있었다.

여유 있는 사람들은 자기 집보다 더 편해서 계속 이 배를 타고 여행을 한다고 한다. 값 비싼 돈을 치루고 평생 한번일지도 모르는 이번 크루즈여행은 새로운 딴 세상을 살다 오는 착각이었다. 조금씩 떨어져 얼음 조각이 서서히 무너져 내리는 얼음산은 지구의 온난화로 인해 물바다로 변하여 앞으로 다시 볼 수 없는 곳이라고 한다. 하얀 곰들이 단란하게 모여 있는 그림엽서 한 장을 샀다.

많은 여행자 중에 한국 사람은 단 두 사람뿐이었지만 그리 낯설지는 않았다. 대서양을 끼고 돌아본 여행은 내 생애에 가장 잊을 수 없는 여정이었다. 그 후로 여러 번 기회를 가져 보았지만 나는 아무것도 모르고 나선 첫 번째가 가장 신비하고 의미 있는 꿈이 있었고 평안하고 행복한 시간이었음을 절대로 잊지 못한다.

여객선이 떠날 때는 덴마크의 어느 항이었지만 돌아온 곳은 미국의 보스톤이었다. 저녁 늦게 비행기를 타고 샌프란시스코 비행장에 도착한 후 피곤에 지쳐 늦잠을 자고 깨어나니 뉴욕에 있는 투윈 빌딩이 비행기의 폭격을 맞고 불타버려 잿더미가 된

장면이 뉴스에 비친 것이다.

나는 깜짝 놀라 하루만 더 늦었더라면 하는 떨리는 마음으로 화면을 지켜보았다.

여름휴가는 동해 쪽으로

여름 감기가 내 몸에서 떠나갈 줄을 모른다. 최근 미국과 멕시코를 다녀온 관광객들은 어느 나라 비행장에서든 철저하게 조사를 받아야 하는 이유는 신종 인플루엔자 감기가 그곳에서부터 시작되어 전염병으로 펴져 나오기 때문이란다. 각 나라마다 환자가 늘어나 길거리를 오가는 사람들은 전염될까 두려워 공공장소나 사람이 많이 모인 곳에 가기를 꺼려했고 긴 여행을 취소하는 등 여러 가지로 주의하고 있었다.

터미널에 당도하니 주중이라 그리 많지 않았으나 차편을 기다리는 사람들로 붐볐다. 보통 서울서 동해까지 3시간 30분이 걸리나 성수기 때는 7시간도 걸린다 한다. 올해는 국가와 개인에 여러 가지 사정으로 외국여행을 자제하고 나라 안에서 휴가를 즐기는 분위기라 휴양지마다 대만원이란다.

지금 막 떠나려는 보통석 버스를 물으니 자리가 있다 하여 차비를 돌려받고 맨 앞자리에 앉아 맑게 닦아 놓은 유리창 너머로 훤히 내다보이는 전경을 바라본다. 넓게 뚫린 고속도로를 신나게 달리는 버스 안에는 방학을 시작한 초등학생 어린이들이 여럿이 타고 있었다. 가족과 함께 즐기는 휴가는 얼마나 즐거운 여행일까 싶었다. 우리가 국민학생일 때는 물론 전쟁 후이기도 했지만 동네 아이들이 모여 뒷산으로 들판으로 개울가에서 재미나게 떠들며 노는 것이 전부였다.

6 · 25동란 이후 59년이란 세월 동안 국가가 발전하고 나라가 부강해지니 또한 국민의 생활 조건도 풍부해진 것이다. 그러나 요즘 한국의 실정은 개인은 부자이고 국가는 가난하고 빈부 차이가 너무 심해 국가의 고민이 많다고 들었다. 그러나 나라의 크나큰 발전이 국민 생활 문화가 각 가정 생활에도 기여하고 있어 큰 보람과 행복을 즐길 수 있다는 것이 몹시 부러웠다.

동해의 터미널에 도착하니 마중나온 고마운 분이 기다리고 계셨다. 그분의 도움으로 짐을 풀고 내일 아침부터 시내를 돌아보기로 했다. 그동안 강원도는 장마철로 매일 비가 왔으나 도착한 오늘부터 활짝 갠 날씨여서 해수욕장마다 만원을 이루어 모처럼 여름 장사가 활기를 띠게 되었다 한다. 낮에는 쨍쨍 내려쬐는 볕에 벼가 여물어 가고 그동안 정성들여 가꾼 농산물의 수확을 기쁨으로 거두어들여야 하는 계절이다.

이곳에는 지금 갓 쪄낸 옥수수와 감자가 입맛을 당기는 계절이다. 항구 입구마다 시장에는 살아 튀는 생선들이 널려 있고 특히 오징어는 이곳의 큰 자랑거리다. 삼면이 바다로 둘러싸인 대한민국은 작은 나라이지만 인간이 살아가는 데 필요한 많은 조건이 잘 갖추어져 있는 나라이기도 하다.

동해는 처음 찾아온 곳이지만 기후와 토질과 바다가 한데 어울리는 참 아름다운 고장임을 이번 여행을 통해서 느낄 수 있었다. 옛날 시골 풍경을 느끼게 하지만 아파트와 자가용이 많다는 것 외에는 별로 다를 것이 없었고 또한 사람 냄새가 물씬 풍기는 것이 더욱 좋았다.

동해시를 상징하는 꽃은 매화이고 나무는 은행나무라 한다. 인구는 20만이 모여 산다. 산 좋고 물 맑고 경치 좋은 이곳에서 사는 사람들의 꿈과 희망이 꼭 이루어지기를 믿고 다시 찾아올 것을 다짐해 본다.

무릉계곡과 초암해수욕장

낯선 시내 버스장에 붙은 시간표를 훑어보고 동해시에서 가장 유명하다는 무릉계곡을 찾았다. 이곳은 천하절경 별천지 한국의 그랜드케년 중국의 무릉도원과 같아 시인 · 선비 고승들이 즐겨 찾아 흠미하던 명승지로 문화재 37호로 지정된 곳이며 계곡물과 바위가 관동의 으뜸이라 한다.

정문으로 들어서니 경로는 입장권이 필요 없단다. 안내판을 보고 올라가는 길은 평평한 길을 택했다. 입구에서 조금 떨어진 노송이 어우러진 곳에 최은희 시인님의 시 〈낙조〉가 돌 조각에 새겨져 있었다. 뒷면에는 선생님의 약력과 경력이 적혀 있었는데 친구의 아버님이신 선생님은 32세의 젊은 나이로 세상을 떠나셨다고 했다. 그분의 순수하고 아름다운 서정시는 강원도를 대표하는 시이며 이곳을 다녀가는 사람이면 꼭 읽어 보아야 할 것이다.

향토 음식점에서 감자 송편을 사 들고 은행나무가 줄지어 선 황토밭길을 천천히 걸어 오르니 삼화사란 절이 나온다. 수능 시험을 치루는 학생들을 위한 백일기도회가 열린 듯 스님의 불경과 목탁소리가 울려 나온다. 넓은 뜰 안에는 오랜 세월 동안 서 있는 삼층 석탑과 커다란 철조노사나불 좌상이 있었다. 이 절은 신라 선덕여왕 때 지상열사가 오대산에 들어가 투타산에서 흑연대를 창건한 것이 시초라 한다.

새소리와 매미 쓰르라미가 어울리는 계곡에 시원한 물줄기를 따라 한참을 오르니 선녀들이 내려와 목욕을 즐기던 선녀탕과 두 개의 서로 다른 물줄기가 한곳으로 모이는 쌍폭포가 있었다. 우리는 폭포의 장엄한 소리에 홀린 듯 한참을 자리에서 떠날 줄을 몰랐다. 내려오면서 높고 커다란 바위가 마치 병풍을 두른 듯 펼쳐 있는 넓은 바위 산 아래 흐르는 물에 뼛속까지 시려 오는 두 발을 담그고 오늘 하루를 지내고 싶었다. 4,960미터에 이르는 넓은 무릉 반석 흰 바위를 타고 흘러내리는 계곡물에 아이들이 노란 튜브를 두르고 시원하게 목욕을 즐기며 떠드는 소리가 한층 여름이란 계절의 맛을 돋우어 준다.

다시 버스와 택시를 타고 애국가에 나오는 촛대바위 가까이 올라 여기 저기 우뚝 솟은 천연 바위 조각상과 비취 색깔의 바닷물이 훤히 들여다보이는 초암해수욕장으로 발을 옮겼다.

모래사장에 울긋불긋하게 꽂아 놓은 비치파라솔은 더위를 즐기려는 인파로 붐비고 주홍색을 띤 고무보트와 물스키를 타는 사람들이 신나게 달리고 있다. 부드럽고 고운 모래를 밟으며 탯줄로 그어 놓은 수평선 너머로 한 척의 까만 점으로 보이는 배가 있는 곳으로 내 발길은 마냥 움직이고 있었다. 빨갛게 타오르던 여름 햇살, 바다 위로 잘 익은 홍시 하나가 뚝 떨어져 내린다.

묵호항과 동해항

아무 곳이나 가고 싶은 곳을 찾았다. 아침 9시와 10시 두 차례 떠나는 묵호항에서는 울릉도와 독도를 구경할 수 있는 국내 여객선이 떠나는 항구이다. 300여 명을 태우고 울릉도에서 머물다 독도를 한 바퀴 돌아보는 뱃삯은 왕복 11만 원이 넘는다.

성수기 때에는 꼭 예약을 해야만 한다. 여기까지 왔는데 꼭 한번 가보고 싶었지만 내일은 비바람이 불고 태풍이 높아 조금은 힘들 것이라는 일기 예보 때문에 망설이게 되었다. 아침도 굶고 속이 허전하여 자연산만 판다는 묵호항 어시장에 들러 싱싱하게 살아 있는 멍게와 해삼 우럭과 오징어를 사들고 오두막

집에서 만들어 주는 점심을 모처럼 맛있게 먹으며 혼자이지만 즐겁게 휴가를 보낼 수 있는 것에 감사한 마음을 가졌다.

동해항은 크루즈를 할 수 있는 곳이다. 일본 사카이미나트 항으로 14시간을 항해하며 또 러시아의 블라디보스톡을 19시간에 돌아오는 이 배는 593명과 승용차 72대를 실어 나른다 한다. 이처럼 동해가 나라 발전에 기여할 수 있는 것은 이 고장 국민 모두가 열심히 자기 맡은 바 일에 충실하기 때문이라 할 수 있다. 돌아오는 길에 신비한 시간의 흐름을 느낄 수 있는 도심지 속 공간 안에 자리한 천곡천년 동굴을 구경했다.

동해시와 삼척시가 접해 있는 바다를 내려다볼 수 있는 곳과 새천년 도로를 돌며, 또 한국의 하와이라 부를 수 있는 소원탑 공원 앞을 돌아보았다. 조개와 새우로 맛깔스럽게 끓여낸 시원한 국물과 호박과 매운 고추로 만든 부침전과 매실 장아찌로 맛있게 먹은 저녁 만찬은, 이곳에서 만난 분들과 헤어져야 하는 송별회였다.

며칠 동안 나를 편하게 쉴 수 있도록 도움을 주신 분들의 깊은 배려를 어떻게 보답할 수 있을지. 닷새 동안 즐거운 여행을 하고 아무 탈 없이 돌아올 수 있었던 것은 그분들의 너그러운 배려와 따뜻한 마음이었다. 다시 한번 감사한다.

서울로 올라오는 버스 안은 젊은 연인들과 친구와 둘이 놀다

가는 아가씨들이 많았다. 앞이 훤히 내다보이는 유리창 너머 안개로 뒤덮인 산마루 턱 아래 허리띠를 두른 듯 한 겹 한 겹 벗겨지는 구름 떼와 길가에 노란 꽃들이 밤사이 내린 물을 먹은 듯 촉촉이 젖어 있었다.

언제 또 다시 올지 모르는 곳이기에 가슴 한복판에 즐겁던 시간을 뿌듯이 안고 돌아왔다.

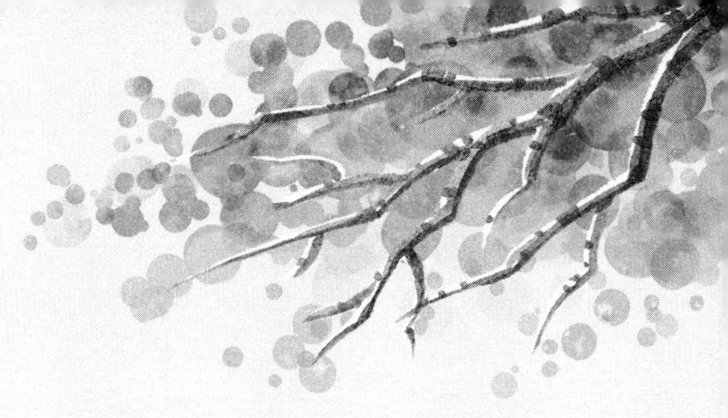

5부
사색을 건너서

행복이란

살아있는 사람들은 누구나 행복하게 살기를 바란다. '행복이란 이런 것이다.'라고 정의를 내릴 수는 없지만 '저 산 너머 행복이 있다.'고 찾아가는 어린 소녀의 꿈을 믿기엔 너무 허무한 듯하다. '저마다 얼굴이 서로 다르듯 행복도 또한 다를 것인데 나는 참 행복한 사람이다.'라고 떳떳하게 말할 사람이 몇이나 될까.

한순간 기쁠 때는 행복하다 할 것이고 슬픈 일이 생기면 불행하다고 할 것이다. 인간의 삶이 마음먹은 대로 살아지진 않을 테고 좋은 일만 생긴다고 보장할 수도 없는 것이니 결국 사람이란 희로애락을 잘 요리하여 사는 수밖에 없다. 사람은 생활의 테두리 안에서 나름대로 행복을 찾으며 살아가야 후회 없는 삶을 살 수 있는 것이 아닌가 싶다.

이 세상에 행복을 파는 가게는 없다. 돈 주고 살 수 있다면 부자만 행복할 것이다. 행복은 사람의 가슴속안에서 마음으로 느끼는 감정이라 본다면 각자마다 차이는 있겠지만, 생각하기 따라 달라 질 것이다. 행복을 통째로 안겨줄 사람도 없고 또 그것은 나 혼자만이 이루는 것이 아니라, 상대를 통하여 만들어지는 것이기 때문에 남을 행복하게 만든 후에야 자신도 행복을 느낄 수 있다고 본다.

행복은 아주 작은 것으로부터 시작된다. 또 평화롭고 사랑이 넘치는 기쁜 마음만이 행복을 만들어 준다. 예를 든다면 어머니가 정성스럽게 만든 저녁 식탁에 온 식구가 둘러앉아 맛있게 고마운 마음으로 먹는다면 행복한 것이다. 그리하여 살이 되고 피가 되어 튼튼하고 건강한 몸을 만들 수 있다. 온 가족이 어울려 어머니가 만들어 논 행복의 집에서 잘 살 수 있을 것이다. 이렇게 행복이란 어렵게 만들어지는 것이 아니다.

나의 안과 밖에 가득히 널려 있는 것들을 주워 모아 갈고 닦으면 이것이 곧 행복 아닐까.

무엇일까
재미있는 것 슬프지 않은 것
아무리 둘러봐도 찾을 길이 없다

어디에 숨었을까 어떻게 만날까
만나는 사람마다 간절히
기다려도 보이지 않는다

힘들게 찾아 헤매일 것 없이
내 자신이 만들자

꽃들은 피고 지는 그 이유를 알듯이
아름다운 마음은 행복하고
행복은 기쁨을 안아 주리니

네 손이 닿는 한
남을 사랑한다면
그 안에서 행복을 느끼리라

행복과 불행의 차이는
마음에서 오는 것뿐임을

고양이와 개

나는 피부 알레르기가 있어 개와 고양이의 벼룩이나 모기한테 물리면 여러 날을 고생한다. 하지만 많은 사람들은 개들을 좋아해서 침대까지도 함께 사용한다. 동물을 사랑하는 사람들은 자기애들처럼 개 미장원에 보내어 목욕도 시키고 털도 깎이고 머리에 리본도 달아 주고 물감도 들이고 옷도 입히는 등 아이 하나 기르는 것만큼 많은 돈을 들이며 애지중지 키우고 있다.

고양이는 귀여운 애완동물에 불과하지만 개는 조금 다른 것 같다. 사냥을 하는 개 또는 훈련 후 마약 냄새를 잘 맡아 경찰로 쓰이는 개들도 있다. 낯선 사람을 보면 짖는 것이 개가 할 일이었으나 요즘 개는 주인을 보호하는 호신용과 집에 불이 나거나 어린아이들의 목숨까지도 구해내는 구인용도 있다. 요사이 동물 영화에서 뜨는 레쉬라는 영리한 개는 돈도 많이 벌어들인다.

〈백한 마리의 개〉란 영화를 보았다. 얼마나 재미있는지 모른다. 나쁜 사람들을 골탕먹여 경찰에 잡히게 하는 똑똑한 개들을 보며 많이 웃기도 했다. 개도 족보에 따라 값이 다르다.

사자의 얼굴을 가진 중국산 차우차우, 불독, 슈즈, 말테스, 루하사 등 다양한 종류가 있지만 여자용 백에 들어갈 만큼 작고 바싹 마른 치와와도 있다.

짐승도 자기를 좋아하는 것을 구별할 줄 안다. 주인을 보면 반갑다고 꼬리를 치지만 날 보면 덤벼들 기세다. 밤손님을 감시하고 사람이 먹고 남은 음식 찌꺼기를 받아먹다가 결국에는 개장국집으로 팔려가던 것이 옛날 한국 개들의 일생이었다.

동물을 사랑하는 미국사람들은 개를 먹는 아시아인들을 야만인이라고 부르며 대모를 하지만 구더기나 쥐를 먹는 나라 사람들은 뭐라 부를까.

이곳에서는 개와 고양이를 한집안에서 같이 키운다. 둘은 사이좋게 잘 지내기 때문이다. 특히 혼자 사는 사람들은 말만한 개를 호신용으로 키우거나 독거노인들은 쓸쓸해서 친구삼아 동물을 사랑한다.

고양이의 얼굴은 호랑이의 축소판이며 사촌이다. 한밤중에 눈싸움을 하면 고놈의 눈동자가 여러 번 색깔이 변하는 것을 볼 수 있다. 또 번식률이 빠르므로 한번에 열댓 마리씩 낳는다. 개는 사람을 따라 다니지만 고양이는 집을 떠나지 않는다고 한다.

어떤 할머니가 100여 마리 넘게 키운다고 동네 사람이 신고하여 경찰에 불려간 일이 있었다. 연인들이 사랑싸움을 하다가 화가 나서 남친이 개를 발로 찼다고 신고하며 잡히고 벌금을 물고 나온 일도 있었다.

슈퍼마켓에서 동물의 밥과 사람의 음식을 나란히 진열해 놓고 파는 곳을 많이 본다. 또한 동물의 밥이 가난한 사람들의 음식으로 사용되기도 한다. 동물까지도 살이 찐다고 다이어트 음식에 영양제까지도 먹인다나.

어쨌든 미국에서 개와 고양이는 사람 팔자보다도 더 평안한 것 같다. 많은 상금을 받는 개의 쇼도 일 년의 한번씩 열린다. 정말로 미국은 동물의 천국이다.

나도 한 마디

요사이 어느 종류든 한국 신문마다 대문짝만한 제목으로 부부 모임이나 남성들 간에 온갖 화제로 꽃을 피우고 있는 것은 비아그라의 얘기뿐이다, 라고 보도되고 있다. 이런 대목을 읽어 내려가면 저절로 눈살이 찌푸려진다. 약은 환자에게 필요한 것이고 또 의사의 처방에 따라 조제해서 살 수 있는 것인데 무조건 달라는 사람과 파는 사람 둘 다 잔인한 인간들이다.

치료제라면 백 불이 넘는 비싼 약을 얼마나 먹어야 하며, 사용할 때만 필요한 약은 마약과 같은 것이라 중독이 되어 폐인이 되기 쉬우며, 효과가 너무 좋아 감당 못해 죽었다는 뉴스를 본

적이 있었다.

한국에선 대낮부터 러브호텔이 대만원이라니 얼마나 망측한 일인가. 이런 사건은 부부 사이가 아닌 불륜의 관계이거나 하룻밤 연인들이라 한다.

동남아 여행 중 곰쓸개나 곰발바닥 해구신 등을 갖고 들어와 무턱대고 먹어 보려는 사람들, 이런 사람들을 노려 그들에게 비싼 값으로 팔아 많은 돈을 벌어들인 사람들도 있고 친구에게 줄 선물용으로 가져갔다가 붙잡혀 감옥을 살다 온 사람도 있었다.

IMF로 인해 경제적 혼란에 빠진 이때 정부는 실험 이후 수입할 계획이라고 하니 고개가 절로 도리질을 한다. 아랍의 이슬람교회에서는 율법에 어긋난다 하여 당국에서 수입 판매 금지령이 내려졌고 만약 사다 들키는 자는 사형 또는 엄중한 벌을 받을 것이라 경고했다.

조물주는 창조자의 모형을 따서 거룩한 모습으로 살기를 원해 인간을 만들어내신 것이다. 아무리 현대 의학이 발달되었다 해도 손가락과 발가락을 바꾸어 붙일 수는 없듯이 몸에 붙은 부분도 주신 대로 사는 것이다.

남자와 여자는 성의 도구가 아니다. 더구나 사랑이란 육체만이 아니라 정신이 더 중요하지 않겠는가. 이제 나이가 들고 보니 남편과 아내는 서로 마음으로 의지하고 사랑하며 고마움을 간직

하며 살아간다. 비아그라로 인해 지금의 행복한 가정의 평화를 깨고 싶지 않는 것이 여성 모두가 바라는 소망이다.

비아그라로 제2의 인생을 즐기려는 그들은 사랑의 재주꾼이 아닌 사랑의 파괴자가 되지 않을까 싶다. 고개 숙인 남성들이여! 땅만 보고 걷지 말고 두 어깨 활짝 펴고 높은 하늘 우러르며 생각하라. 진정 우리에게 필요하고 소중한 것이 무엇인가를…….

컴퓨터와 나

거의 10년 전 일이다.

그동안 차곡차곡 장롱 속에 곱게 간직했던 마음과 생각의 소리들을 한 권의 시집으로 만들기 위해 중고품 컴퓨터를 구입해 한국 문자를 깔고 데스크 테이프에 저장하는 데 자그마치 두어 달이나 걸렸다.

옛날 공병우 타자기로 사용했던 것과는 아주 많이 달랐고 또 기초 지식이 없이 시작한 것이 나를 황당하게 만든 것이다. 밝은 화면의 불빛은 눈을 점점 피곤하게 만들었지만 새로운 것에 도전한다는 마음이 앞서 끼니도 가끔 건너기도 했다.

문장 띄어쓰기 교정까지 보면서 200장이나 되는 분량을 정리해서 마지막으로 끝날 무렵 커서를 잘못 눌러 그동안 수고한 보람도 없이 아무것도 화면에 나타나지 않는 것이다. 아무리 찾아도 보이지 않는다. 다시 시작할 수도 없고 이것저것 한참 살피고 만지다가 몇 시간 후에야 겨우 쓰레기통에 숨어 있는 것을 찾아냈다.

어떻게 그 속으로 보내졌을까. 또 다시 실수를 막기 위해 다시 새 데스크렙에 전체를 묶어 옮겨 놓기로 했다. 그랬더니 두 달이나 걸리던 시간이 단 1분 만에 복사가 되는 것이 아니겠는가. 참 어이가 없어 감탄할 뿐이었다.

내 손바닥보다도 더 작은 것이 200장 정도를 기억하고 있다니 요사이는 인터넷을 이용하여 한국과 편지를 주고받고 나사의 비밀 정보도 알아내고 소셜 번호만 알면 10초 내에 나의 신상기록도 훔칠 수 있다니 한편으로 무서운 생각이 들기도 한다.

현대의학 외 모든 생활 기구 안에 칩이란 괴물이 안 들어간 것이 없을 정도로 발달되었다. 이 세상 사람들이 거의 컴퓨터를 사용하여 관공서나 은행의 사무처리, 지구 위에서 존재하는 모든 것들, 나라와 나라 사이에서 일어나는 세계 정보들까지도 서로 교환하는 것이니 이것이야말로 가장 큰 무기요 또한 파괴자가 아닐 수 없다.

어쨌든 내게 필요한 것들을 이용하여 박테리아가 먹지 않도록 잘 간수하였다. 무거운 원고 뭉치를 싸 가지고 다니지 않아도 몇 분이면 받아 본다니 얼마나 신기한 기계인가. 결국 가로 세로 4인치도 안 되는 갑 속에 담겨 간단하게 한국으로 떠났다. 컴퓨터가 생긴 후 내가 처음으로 만들어낸 책이었기에 여간 기대가 큰 것이었다.

지금은 아는 것이 힘이 아니고 사용하는 자만이 현대인이다. 누구를 위한 과학인가. 이 시대의 최첨단에 살면서 우리는 편안하게 살아가는 방법을 배워야 하는가 보다.

인생은 칠십부터

한복을 곱게 차려 입으신 어머님들을 많이 본다. '오늘 참 예쁘세요.' 하면 '이젠 열심히 입어야겠어. 아끼면 뭐해 벌써 내 나이가 칠십인데.' 하고 말씀하시는 분의 얼굴은 나이보다 젊고 곱게 보였다. 나도 그 나이가 되면 저 분처럼 젊어 보일까? 하기야 요즘은 얼굴에 칼 대지 않고 주름을 펴 주는 아이크림이나 보톡스라는 주사와 하키라는 마스크도 발명되어 여자들에게 인기 만점이라는 기사를 읽은 적이 있다.

그뿐이랴. 빠진 머리칼이 다시 나오고 암을 치료하는 주사, 치매를 예방하는 약 등 많은 새로운 약들이 수도 없이 쏟아져나오는 세상이다. 이제는 세상에 많은 여인들이 예뻐지고 젊고 건강하게 살아가는데 재미를 붙여 삶의 기쁨을 더 한층 높이는 데 기여할 것이다.

지금도 자기의 몸 조건에 맞추어 좋은 음식 먹고 운동하고 마음을 잘 유지하면서 100살 넘게 살고 계신 분도 많이 계시다. 특히 요즘은 웰빙시대라 하여 올가닉이란 자연에서 자란 것만 골라 먹고 야채 과일 생선 등 몸에 좋은 음식 또한 영양제나 화장품도 고급스러운 것들만 좋아한다. 그래서인지 지금은 환갑 나이에 잔칫상을 받는 이가 드물다. 젊어 보이는데 60이라니 나이 먹은 게 뭐 자랑이라고 하며 사양하시기에 자제들이 소리 없이 의논하여 두 분의 생일 기념으로 경치 좋은 곳으로 여행을 시킨다.

옛날 우리의 할머니나 어머니들은 그렇게 장수하시지 못하였다. 60전에는 생활의 어려움으로 많은 고생을 밥 먹듯 하셨고 시집살이와 아내의 도리 어머니의 임무를 지키다 보면 여자는 아예 자신을 잃어버리고 살았기에 60의 나이를 바라본다는 것은 건강이 허락지 않았다.

인생은 칠십부터라 누군가가 말했다. 이제부터라도 자신을 위해 다시 시작해도 늦지 않다는 것이다. 아이들은 모두 장성하였고 돈 벌어들일 필요도 없으니 다만 나 자신을 위해 분수에 맞도록 살아볼 만도 하다. 앞으로 내게 주어진 시간이 얼마나 남아 있는지 모르지만 살아있는 날까지 열심히 사는 일이 나를 보내주신 분에게 보답하는 것이리라.

인생은 연습으로 살아볼 수도 없고 더구나 다시 태어날 수도 없다. 사람을 밤이슬이나 안개 하루살이나 물거품에 비유하는 삶은 얼마나 짧고 애잔한 것인가를 말해준다. 젊었을 때는 육체를 자랑하지만 늙으면 인생을 자랑한다.

누구의 일생이 보람되고 진실하게 살아왔는가 하는 가치관은 내 자신만이 안다. 바닷가에 모래알처럼 하늘의 별처럼 수많은 사람들 중에 낙오되지 않고 후회 없는 삶이 되기를 바랄 뿐이다.

살기 좋은 세상 한번밖에 살 수 없는 세상 오래오래 장수하며 행복하게 잘 살아 보아야 하지 않을까.

몇 년 후 정년퇴직 나이가 더 늦추어질 것만 같다. 어머니날에 가슴에 꽃을 단 분들이 많이 계셨는데 선물을 받을 수 있는 어머니들은 칠십이 넘어야 된다는 선을 그었다. 아마도 내년에는 팔십이 넘는 분만이 선물을 받을 수 있는 자격이 되지 않을까.

시어머니와 며느리

나도 한때는 며느리였다. 시집가서 층층시하 시할머님까지 모시고 살았다. 시댁의 어머니는 친정어머니와는 달리 무서움과 어려움이 먼저 앞서는 것인지. 고부간의 관계란 묘한 것이어서 행동과 말이 없는 눈치 살피기 작전이다.

그러나 시할머니는 다르다. 한 다리 건너 손주며느리라서인지 언제나 인자하고 자상하게 일러주며 늘 귀여워해 주는 분이시다. 먼저 시집와서 시어머니, 늦게 와서 며느리다. 시어머님은 옛날 시집살이에서 받은 설움을 다음 차례에게 넘겨주시려는 느낌마저 드는 것이다.

물론 친정 부모님 밑에서 애지중지 자라 온 오랜 관습으로 그렇게 쉽게 낯선 집안에 적응하기는 쉽지 않고 남편 한 사람만 믿고 따라 온 시집살이가 여러 가지 어려움이 따를 수밖에 없는 것이다.

부부만이 사는 것이 아니라 그 집안사람들과 다 같이 살아야 하는 시집 일이 쉽지만은 않지만 예부터 집안의 갈등은 여자들 질투에서 생기는 서로의 이해관계에서 비롯된다.

"외며느리 고운 데 없다."는 말처럼 하나밖에 없는 아들을 고생하며 홀어머니가 금이냐 옥이냐 정성들여 키워 짝을 채우니 부모에 대한 효성이나 도리는 어디다 버렸는지 아내밖에 모르는 아들의 태도가 미워서 그 미움의 화살이 며느리 가슴을 겨냥 할 수밖에 없다. 그나마 눈치껏 해야 할 아내의 사리 판단이 부족하여 어떤 남편은 중간에서 샌드위치가 되곤 하는 것을 연속극에서도 많이 볼 수 있다.

예전엔 딸을 시집보내기 전 신부의 어머니가 칠거지악이나 삼강오륜 또는 음식 만드는 법과 예의범절 등을 잘 가르쳐 보냈다. 그러나 지금은 예지원에서 신부 수업을 따로 배우는 것도 아니고 학교에서도 가정생활이나 윤리 시간마저 아예 없으니 가정의 화목이란 무엇인지 알 턱이 없다.

딸을 보낸 친정어머니 마음은 시부모님 사랑은 받고 사는지

고생은 않는지 늘 걱정하며 음식 제대로 못하는 딸을 위해 김치나 밑반찬 등을 만들어 들고 부지런히 오가는 것이다. 자주 드나들다 보니 딸의 집안에서 일어나는 작고 큰일들을 모두 친정에서 도맡아 하는 것은 보통이다.

손자 보살핌의 핑계로 관광 초청이나 여행 효도는 우선으로 친정 부모가 받게 되는 것이다.

부부가 학생이거나 직장 근무로 이곳에 파견 나와 살고 있는 집안의 딸을 둔 친정 부모는 더욱 바쁘다. 산후조리 손자 키우는 일 등 나이 드신 어머니들을 비행기 안에서 뵐 때마다 딸을 보살피는 어머니 마음이 얼마나 큰 사랑인가를 깨닫게 된다.

한국은 한피를 나눈 단일민족이었다. 전쟁 이후 모든 것이 달라져 국경을 초월한 사랑도 있을 수 있으나 고국을 떠나 온 이곳에서 우리의 1.5세나 2세들은 어떤 혼혈아를 탄생시킬지 의문이다. 본인들이 좋아하는 사이라면 부모의 의견은 묻지도 않고 또 말할 자유도 없다.

그래서 아들을 가진 부모들은 까만 피부보다는 하얀 색깔, 파란 눈의 며느리보다는 동양 사람을, 이왕이면 같은 민족인 한국 아가씨와 결혼하기를 바랄 뿐이다.

그러나 이곳에서 태어났거나 어릴 때부터 자란 아이들의 생김새나 부모님은 한국분이지만 아이들의 생각과 느낌 생활 방식은 완전히 미국사람과 다를 게 없다. 특별히 개인주의가 강한 나라이니 누가 무어라 해도 본인만 좋으면 그만이다.

예와 아니오가 분명해서 좋기는 하나 한가정의 조화를 이루기에는 어려움이 많다고 할까. 이곳엔 내 나이의 시어머니들이 많다. 파란 눈의 독일 며느리를 맞은 한 친구 말은 불고기나 잡채를 배워 시부모님 밥상에 올리는가 하면 한국어는 서툴지만 곧잘 하는 며느리 때문에 온 집안이 웃음바다가 되어 기특하기도 하단다.

또한 친구의 필리핀 며느리는 시부모와 한집에서 살며 부모에 대한 공경심과 예의가 바르고 마음씨가 아주 착하고 고운 며느리라고 칭찬이 늘어진다.

부모와 멀리 떨어져 바쁘게 살고 있어도 가끔 고운 목소리로 안부라도 묻고 마음으로 대화를 나눌 수 있다면 이것이 한가정의 행복을 만드는 문이다. 더구나 이곳에서 사는 우리들은 가정의 평화를 꾸미며 살아야 한다.

어느 시대를 막론하고 가정의 태두리 안에서 변화란 있을 수 없으며 마음속에서 우러나오는 진실한 사랑과 이해만이 기쁨을 주는 것이라 하겠다. 같은 시대에 사는 시어머니와 며느리 사이에 세대 차이를 느낀다는 말은 핑계이며 부모에 대한 모독이다.

부모를 모시고 사는 자식은 부모의 재산 중 절반을 물려준다는 상속권이 새로 만들어졌다니 재산 없는 부모는 계속 외로운 삶을 살아갈 수밖에 없으며 윤리는 땅밑으로 떨어져 자식에게 버림받는 부모가 얼마나 많은가를 말해준다.

부모를 지게에 지고 산속에 갖다 버리는 아들, 또한 재산이 탐나 부모 집에 불 지르는 자, 부모 돈을 자기 것으로 가로채 고국으로 돌아간 외국며느리, 치매 부모를 길가에 버리고 도망간 자식들, 이 같은 일이 생기는 것은 시어머니와 며느리 사이에서 만들어진 비극이라 하겠다.

내가 사랑하는 남편을 낳아 주신 부모님이 어찌 내게 소중하지 않으랴. 모든 며느리가 세월이 가면 저 또한 시어머니가 되는 것을 왜 모르는가.

사랑니

진작 빼버렸어야 했을 아무 쓰잘데없는 것을 여태껏 지니고 있었던 것은 내 잘못만은 아닌 성싶다. 6개월마다 체크를 했지만 의사가 발견을 못한 것인지 나이로 보면 몇 십 년은 입안에 숨어 있었건만 어느 날 갑자기 발견한 후에도 부실한 것만 고치느라 이렇게 저렇게 분주해서 잊어 버렸다.

이제는 딴 이빨들도 찬 것 뜨거운 것, 조금 딱딱한 것들을 내 마음대로 씹어 먹을 수도 없으니 여러 가지로 불편한 것이 한두 가지가 아니다. 오장육부는 별로 탈이 없어 병원엘 자주 가지는 않지만 잇속은 탈이 많았다.

지금이야 못생긴 이는 보철도 끼고 청소도 하지만 흔들리는 이는 실로 잡아 빼고, 빠진 이는 지붕 위로 던져 버릴 때이다. 사랑을 느낄 나이에 생겨나 사랑니라 했을까. 어쨌든 사랑니는 사람들에게 왜 생겨났는지 모르겠다.

새로 나기 시작할 때는 스멀스멀 온통 잇몸이 아프고 기어나 와서도 별로 음식을 씹을 것도 아닌데 어떤 이에게는 아예 드러누워 나와서 다른 이를 밀어내어 앞니를 튀어나오게 만들고 또는 덧니로 태어나 칫솔질도 불편하여 잇몸을 상하게 만들어 빼어버릴 수밖에 없는 무용지물이다.

그래서 나는 모처럼 틈을 내어 불필요한 이를 빼어버렸다. 사람 몸에 붙어 있는 것은 한 개의 몸 털도 머리카락도 짧고 긴 손발톱까지도 쓸모가 있거늘 없어진 사랑니는 속이 다 시원할 뿐이다. 다만 내 몸에 붙어 있던 한 부분을 잃어버린 것 같아 기분이 찹찹했다.

입안은 신경이 예민하고 단것, 쓴것, 매운것, 짠것 등의 맛을 알아내고 이빨은 음식을 곱게 씹어 몸속으로 보내어 우리의 살과 피를 만드는 일을 하니 얼마나 중요한 역할을 맡았는가.

또한 이는 오복 중에 하나라고 했다. 웃을 때나 말할 때 보이는 예쁜이는 미인을 만들고 상대방을 즐겁게 해준다.

덧니로 태어난 사랑니는 나와 인연이 없었지만 그래도 내게 필요해서 주신 것이라 믿고 있다. 다만 사용도를 찾지 못했을 뿐 사람은 죽어도 이빨과 머리카락은 썩지 않는다고 한다.

이제 남은 한쪽의 사랑니 잘 닦고 보존해 오래 간직하여 나와 함께 끝까지 살아가기를 바라는 마음이 크다.

이곳에선 치과병원비가 매우 높다. 보험도 따로 들어야 한다. 하기야 먹고 사는 것이 매우 중요하니 맛있는 음식을 앞에 놓고 못 먹는 이가 얼마나 불쌍한가. 눈이 안 보여도 귀가 안 들리는 사람도 먹어야 산다. 그만큼 입은 우리에게 가장 필요한 부분이다. 동물들이 이를 닦는 모습을 난 아직 본 적이 없다. 사람만이 이를 잘 보호하고 간수한다. 사람은 동물 중에 가장 뛰어 난 영장이니까.

방학의 아이들

시원한 매미 소리가 들린다. 뙤약볕이 머릿속이 따갑도록 팽팽한 7월의 하늘, 푸름이 터질 듯 무성한 나뭇가지 사이로 아이들의 명랑한 웃음소리가 들리는 듯하다.

이때쯤이면 흐르는 개울가에서 삼태기로 송사리 떼 몰아치고 물장구치며 미역감는 동네 개구쟁이들이 한참 떠들어댈 여름방학. 우물가 함지박엔 참외 수박 띄워 놓고 별빛 총총한 밤엔 모깃불 태우는 마른풀 연기가 메케하게 코에 닿고 마당 한가운데 둥근 멍석 깔아 놓고 온 집안 식구 다정히 둘러앉아 얘기꽃 피우는 밤이 지금도 선하다. 전쟁 이후 우리는 이렇게 한가한 여름방학을 보냈다.

그러나 지금 한국에선 방학만 시작되면 아이들에게 영어 공부를 시키느라고 언어연수라는 이름을 붙여 외국으로 유학을 보내느라 바쁘고 하물며 기러기아빠가 된 가족들이 많이 있다고 들었다.

이곳은 아이들의 방학을 이용하여 부모들이 덩달아 휴가를 즐길 때이다. 부모와 자식들 사이에 화목을 기하고 사춘기 애들과 대화가 필요한 계절이다. 나는 틴에이저 아이들을 많이 대한다. 부모의 이혼을 아무렇지도 않은 듯 자랑하는 말썽꾸러기들은 거의 부모가 없거나 아이들에게 관심이 없는 가정에서 자란 아이들이다.

큰길가에서 스케이트보드를 타거나 대낮에도 옹기종기 모여 앉아 담배를 피우고 밤늦게까지 공중전화통에 매달려 있다. 어떤 부모는 아예 술 담배를 사주기도 한다.

요즈음 자주 일어나는 총기사건 살인 마약 등은 철모르는 애들로부터 시작된다. 영화마다 총 쏘는 장면, 돈이 필요해서 사람을 함부로 죽이는 일 등 엉덩이까지 내려오는 핫바지가 온 먼지를 쓸고 다니고, 고성 음악을 틀고 다니는 자동차 속의 젊은 남녀들이 자라서 미국이란 나라를 어떻게 이끌어 갈 수 있을까 걱정된다.

그러면 우리의 아이들은 석 달이나 되는 긴 여름방학 동안을 어떻게 잘 지낼 수 있도록 마련할 것인가. 생각하다가 한국의 대학에서 실시하고 있는 여름캠프를 보내기로 했다.

그 후 한국을 다녀온 아이들은 기대한 만큼 많은 도움이 되었다. 국어와 역사 풍습 예절 등 아이들에게 조국을 알리는 너무나 좋은 프로그램이었다. 미국에서 살고 있는 아이들에게 부모의 나라를 보여주고 뿌리를 알리는 일이 얼마나 중요한가를 알려준 것 같았다.

1.5세나 2세들의 얼굴 생김새는 우리 부모를 닮았으나 말과 풍습은 미국사람이다. 이젠 우리 부모가 아이들을 이해하며 따라 가야만 한다. 이번 여름방학을 통하여 아이들의 행동을 주시하고 대화 속에서 그들을 지켜보면 부모의 숙제는 풀릴 것도 같은데 임들은 어떻게 생각하시는지.

교자상의 진귀함

모두들 좋아하는 즐거운 주말이다. 닷새 동안은 부지런히 일하고 남은 이틀은 열심히 몸과 마음을 풀어 준다. 나도 오랜만에 토요일을 즐길 수 있는 날이 왔다. 우리 집 가장의 생일을 축하하는 저녁 모임을 갖게 된 것이다.

옛날로 치면 부모님 생신날은 정성껏 만든 아침진지를 교자상의 다리가 휘어지도록 차려 놓고, 아침 일찍부터 친척 분들과 친구 분들 또한 동네 어른들을 모시고 정담을 나누는 것이 예의였다.

그런데 지금은 한국에서나 이곳에서나 할 것 없이 모든 잔치는 저녁 시간으로 미루어 버린다. 주중에 있어야 할 중요한 날도 주말로 바꿔야 하고 가정의 모든 중대사도 토요일과 일요일로 바꾸어야 한다. 그러니 주말은 이틀밖에 없는데 더 바빠질 수밖에 없고 제 날짜에 맞추어 기쁜 날을 기념하는 것은 어림도 없다.

아침이나 점심은 식구 각자가 따로 챙겨 먹거나 자신이 알아서 해결해야 하고 저녁 한 끼라도 가족이 함께 어울려 단란한 시간을 보내고 싶지만 그나마 서로 바쁜 일과로 점점 멀어져가고 있다.

좋은 일에나 슬픈 일에나 온 식구가 단란하게 둘러앉아 이야기하던 둥근 식탁이나 교자상 앞에서 서로 얼굴 마주보며 대화를 나눈 지도 꽤 오래된 듯싶다. 지금은 한쪽 구석에 덩그마니 놓여 있는 자게상. 그 밑에 방석만이 빈 자리를 지킨 채 놓여진 것을 요즘은 붓글씨와 사군자를 칠 때 책상으로 사용하게 되었다.

사람은 하루 세끼를 먹어야 산다. 조금만 시간이 늦거나 한 끼만 거르면 벌써 뱃속은 낌새를 알아채고 배고픈 소리를 내곤 한다.

오늘 즐거운 저녁을 먹기 위해 배고픔을 참고 기다리고 있다. 한식은 집에서 매일 만들어 먹는 터라 아이들이 미리 예약해 놓은 양식 레스토랑으로 초대를 받았다. 늦은 저녁이라 별로 손님도 많지 않고 분위기도 운치가 있는 좋은 곳이었다. 우리 식구가

난생 처음으로 와 본 곳이다. 빈속에 와인도 곁들이니 기분도 좋고 연한 살코기와 가제 스테이크를 먹으며 오랜만에 아이들 얼굴을 마주보며 그동안의 안부도 묻고 직장에 관한 얘기 등 즐거운 시간을 가졌다.

많은 시간과 노력을 들이지 않고도 맛있는 음식을 간단히 먹을 수 있는데 왜 우리 어머님들은 며칠 동안 밤을 새며 번거롭게 음식을 장만해야만 했을까. 또 우리도 그렇게 따라서 해 왔다. 한상 가득 차려 놓은 음식을 다 먹을 수 없어 남는 것은 며칠을 두고 먹었었다.

어느 나라 음식보다도 우리의 음식은 요리 시간이 길고 복잡하여 여러 날이 걸린다. 특히 한식은 어머니의 손맛으로 특별한 요리 방법과 경험의 조화로 만들어내는 것이다. 더구나 맞벌이 하는 부부는 시간적 여유가 없으니 이렇게 밖에서 즐기는 것도 괜찮을 듯싶었다.

몸을 아낄 줄 모르고 항상 먹는 걱정이나 하며 맛있는 요리 한번 못 사 먹는 나 자신이 바보인 것 같은 생각마저 들었다. 그러나 음식값을 치룬 영수증을 보고는 나는 어지간히 놀랐다. 이렇게 값이 비싼 줄 알았으면 교자상에 다리가 부러지도록 차려 놓고 많은 친구들과 함께 즐길 수 있었을 텐데 하고 아까운 생각이 드는 것은 나는 어쩔 수 없는 한국 사람이며 또한 어머니인가

보다.

앞으로는 며느리에게도 한국 음식을 가르쳐 내년 환갑 잔칫상을 거창하게 차려야 할 것이라 다짐했다. 동네에 있는 교자상을 다 불러모아 상마다 음식을 가득 채워 놓고 교자상의 필요함과 진귀함을 보여주리라.

부지런한 새

아침 6시면 으레 눈이 떠진다. '새나라의 어린이는 일찍 일어납니다. 잠꾸러기 없는 나라 우리나라 좋은 나라' 초등학교 때 목청 높여 부르던 노래가 아직도 몸에 배었다.

이곳 속담에도 일찍 일어난 새는 맛있는 먹이를 얻는다고 한다. 한 걸음 일찍 일어나면 건강에도 좋고 또 부지런하면 자기 생활도 만족스러워진다. 침상을 박차고 깨어나면 허둥대지 않고 준비된 아침을 먹을 수 있고 따끈한 차 한잔을 마시면서 신문을 보거나 어제 못한 얘기도 나눌 수 있는 여유로움이 있어 하루의 일과를 편안하게 시작할 수 있다.

식구 모두가 일어나기 전 지저분했던 앞마당을 깨끗이 쓸어 놓고 집안을 걸레질하여 정돈해 놓고는 따뜻한 아침상을 차려주시던 우리의 어머니들. 겨울날 눈 온 길에 넘어질까 걱정되어 눈길을 쓸어주시던 아버지의 손길은 우리의 가슴에 따뜻하게 기억되고 있다.

그러나 잠이 많은 사람은 바쁜 출근길에 신호등 앞에서 거울보며 화장하고, 커피잔을 손에 들고 한손으로 핸들을 잡는 모습을 보면 저렇게 허둥대다가 하루를 어떻게 지낼지 내 마음이 불안할 때도 있다.

하루 24시간은 누구에게나 똑같이 주어진다. 8시간은 직장이나 사업에서 돈 버는 데 사용하고 8시간은 잠자는 데 소비하고 나머지 8시간은 자유롭게 사용할 수 있도록 나뉘어져 있다. 물론 각자의 취미와 생활 능력에 따라 다를 수 있겠으나 알뜰하게 계획을 세워 사용하는 사람만이 자기의 생활을 만족하게 할 것이다.

학생은 공부를 위해 잠자는 시간을 줄이고, 사업을 하는 분은 더 긴 시간을 깨어 잊고, 또 몸의 건강을 위해 열심히 운동하는 사람은 시간을 두 배로 사용할 것이다. 어머니가 된 여자들은 남자들보다 돈벌이 외에도 주말이면 시장보기, 밀린 빨래하기, 화초 돌보기, 아이들 키우기 등 하루 24시간이 모자라 몸이 피곤한 줄도 모르며 살고 있다. 살아갈수록 더 바빠지는 세월, 벌써 이렇게 빨리 지나갔나 하고 깜짝 놀라 돌아볼 때는 아쉬움만 남고, 남아 있는 소중한 시간을 아껴 써야 한다는 간절하고 초조한 마음이 생기는 것이다.

이른 아침이면 오늘 하루 지낼 일과를 계획하듯 마음 안에는 항상 내일을 바라는 꿈이 있다. 오늘 하루를 잘 지내면 내일도 그러하리라. 하루에 최선을 다하면 이것이 곧 잘 사는 길이라 생각한다. 창가에 벌새 한 마리가 날아왔다. 이른 아침에 꽃 속에 벌레를 잡으려는지 꽃향기를 먹으려는지 일초 동안에 날갯짓을 수십 번 한다. 너도 새 중에 가장 부지런한 새.

박찬옥의 시가 있는 에세이

그 숲속을 거닐다

인 쇄 / 2009년 10월 30일
발 행 / 2009년 11월 10일

지은이 / 박 찬 옥
발행인 / 서 정 환
발행처 / 수필과비평사

출판등록 / 1984년 8월 17일 제28호
주 소 / 서울시 종로구 익선동 30-6
운현신화타워 빌딩 2층 208호
전 화 / (02) 3675-5633, (063) 275-4000
팩 스 / (063) 274-3131
E-mail / essay321@hanmail.net

값 10,000원

ISBN 978-89-5925-612-9 03810